歴史文化ライブラリー

99

吉川弘文館

北条政子

尼将軍の時代

野村育世

目次

1　社会史としての人物伝

社会史としての人物伝――プロローグ

北条政子。日本史上でも、たぐい稀な、強烈な個性を放つ女性。

伊豆の豪族の娘に生まれ、源頼朝と結婚、鎌倉幕府御台所《みだいどころ》の地位に就く。頼朝の死後は幕政に関与するが、四人の子供を政争の中で次々に失う。やがて、京都から招いた幼い摂家《せっけ》将軍を擁し、自ら、尼将軍《あましょうぐん》として鎌倉幕府の支柱になった。

もしも小説家であるならば、政子の容貌・性格・心の動きなどを、あれこれ想像して描くことができよう。しかし、本書はそうした本ではない。

本書の目的は、北条政子という個性を通じて、中世、ことに鎌倉初期という時代を描き出すことにある。政子の生涯をたどることによって、中世社会における女性のあり方やそ

地蔵菩薩坐像（願成就院蔵）

像高51.6センチ。ヒノキ材に彩色をほどこすが、剝落し、下地の黒漆塗りが見えている。像底に、北条政子追福のため寛喜年間に造立された旨の朱書があり、政子七回忌に作成されたと考えられてきたが…。この像に政子の面影を見ることは可能だろうか。（本文180頁参照）写真提供・東京国立博物館

の心性を探り、そこからまた、政子自身の姿をも逆照射しようとするものである。いわばジェンダー（社会的に作られた性別）の問題に関心を置いた社会史としての人物伝である。

北条政子という個性の背後には、多くの中世女性の人生がある。中世の説話集や絵巻物をひもといてみれば、そこには躍動する人々の姿が見られるであろう。さらに、一見何の変哲もない、不動産売買や譲与に関する古文書の固い字面や、宮廷の繁雑な儀式次第が羅列された貴族の日記などを丹念に読んでいけば、その行間に、フィクションでない、中世人の生《なま》の喜びや悲しみをみつけることができる。

本書では、そうした多くの中世人の一人として政子を捉えてみたい。そうしたうえではじめて、一般論では論じられない政子の強烈な個性も、浮かび上がってくることだろう。

それでは、北条政子とその時代の話を始めよう。

激しい愛の諸相

6

恋をつらぬく

流人源頼朝

『源平盛衰記《げんぺいせいすいき》』の伝える話である。

平治の乱の後、伊豆国韮山《にらやま》近くの蛭《ひる》ケ小島《こじま》に流された源頼朝は、やがて土地の豪族伊東祐親《すけちか》の娘のもとに忍んで通うようになり、二人の間には子供も生まれた。しかし、京都から帰ってきた伊東祐親はその子供を見て仰天、激怒して、すぐさま子供を殺させて、娘には他の男を婿《むこ》に取り、結婚させてしまったのである。平家全盛の当時にあって、娘が源氏の流人《るにん》と子を成すなどということは、祐親にとって有り得べからざることであった。『源平盛衰記』は、祐親の立場を次のようなせりふで伝える。

商人、修行者などを男にしたらんは中々さてもありなん。源氏の流人婿に取りて、平家の御咎《おんとが》あらん折には、いかが申すべき。

「商人や修行者などを男にした方がまだマシだ。源氏の流人などを婿にとって、平家に咎められたらどうするのだ」——要するに平家を恐れての措置であった。それにしても、当時の在地領主の親権の強さは、驚くほどである。

後年、頼朝に敗れた祐親は、捕らえられ三浦氏に預け置かれる。頼朝が、我が子の誕生を契機に祐親を赦免《しゃめん》しようとすると、祐親はこれを恥じて、自害してしまう。

さて、源頼朝は、さらに忍耐の日々を送るうち、今度は、北条時政《ときまさ》の長女と恋仲になった。この娘が当時どのような名前であったか、それはわからない。中世の女性は、男性と違って、元服《げんぷく》によって名前を改めることはないので、政子も家族や親しい人々からは、子供の時のまま童名《わらわな》で呼ばれていたはずである。しかし、外向きには、女性は自分の名前を名乗らないのが習慣なので、長女の場合は庶民ならば「姉子《あねのこ》」とか「太子《おおいこ》」と称するところだが、おそらくは在地領主の姫として「大姫」（いずれも長女を示す）と称していたであろうし、公式には「平　氏女《たいらのうじのにょ》」（北条氏は平氏である）とサインしていたであろう。この娘——後に鎌倉幕府御台所《みだいどころ》・北条政子と称せられるようになる女性——こそが、本書のヒロインである。以下、便宜、年齢にかかわらず、北条政子と呼ぶこととしたい。

政子の父北条時政も、この時点では伊東祐親と大差はなかった。京都から帰る道すがら娘の恋愛を聞いた彼はあわてて、同道していた伊豆の豪族で元検非違使《けびいし》山木兼隆《かねたか》に、娘の婿にならないかともちかけ、話をまとめてしまったという。そして、素知らぬ顔で館へ戻ると、政子を無理やり山木の館へ送ってしまったという。政子にとって、ここで取るべき道は二つに一つである。父に従うか。反逆か。迷っているヒマはなかった。

政子走る！

されども、くだんの娘、兵衛佐《ひょうえのすけ》（頼朝）に志《こころざし》殊《こと》に深かりければ、白地《あからさま》に立出る様にて、足に任せていづくを指すともなく、兼隆が宿所を逃出にけり。やや程ふれども見えざりければ、怪しみなして尋ね求むれども、向後《きょうご》も知らず成りにけり。彼の女は終夜伊豆山《いずさん》へ尋ね行きて、兵衛佐の許《もと》に籠《こも》りにけり。時政・兼隆、この由を聞きてければ、おのおの憤《いきどおり》を成しけれども、彼の山は、大衆《だいしゅ》多き所にて、武威にも恐れざりければ、左右《そう》なく押し入りて奪ひ取るにもあたはずして過ぎ行きける。

（『源平盛衰記』巻第一八）

ここで政子は、鮮やかな行動力を現わしてくる。ちょっと出てくるといった何気ないそぶりで山木の館を抜け出すと、足に任せて逃げ出した。しばらくして、姿が見えないのに気づいた人々があわてて探し求めたが、みつからない。政子は、闇を駆け、夜を徹して、伊豆山の頼朝のもとに飛び込んで行ったのである。父時政も山木兼隆も、このことを知って憤激したが、政子の籠もる伊豆山は武装した大衆（僧たち）を多く抱え、武力で脅しても動じない寺社勢力であったため、左右《そう》なく押し入って奪い取るわけにもいかず、結局、そのままになってしまったという。

政子のこの行動が、歴史的な事実であるのか、それとも物語的な潤色であるのかは、本当のところは不明であり、山木との結婚自体疑わしい。しかし、鎌倉幕府の正史『吾妻《あずま》鏡《かがみ》』には、後年の政子自身が頼朝に語った言葉として、

君、流人として豆州《ずしゅう》にいまし給《たま》うころ、吾《われ》、芳契《ほうけい》ありといえども、北条殿、時宜《じぎ》を怖れ、ひそかに引き籠《こ》めらる。しかるになお、君に和順し、暗夜に迷い、深雨を凌《しの》ぎ、君の所に到る。また、石橋《いしばし》戦場に出で給うの時、独《ひと》り、伊豆山に残留し、君の存亡を知らず、日夜、魂《たま》を消す。（『吾妻鏡』文治二年四月八日条）

とある。すなわち「あなたが流人として伊豆におわしましたころ、私は、あなたと芳契があったにもかかわらず、父北条殿は時局を怖れ、私を引き籠めました。しかし、それでも私はあなたに親しみ、誠実であろうと、暗夜に迷いつつ、激しい雨を凌ぎつつ、あなたの

所に行きました。また、あなたが石橋山の戦場に出られた時は、独り伊豆山に残って、あなたの安否も知らず、日夜、心を痛めました」と、いうのである。政子の「恋の逃避行」は、鎌倉の人々の間で、揺るぎない事実として伝えられていたのである。

この時、政子はすでに二十歳を超えていた。当時としては、もう十分に分別のある、いい大人であるし、北条家の嫡女《ちゃくじょ》としての自覚もあったことであろう。後年の尼将軍としての活動から見て、政子は、そんなに無責任な人間ではないのであって、自分の行動が家族に及ぼす影響に思い至らぬはずはなかった。しかしそれでも、自分の情熱のままにつっ走る姿には、激しい意思と感情、スポイルされていない中世人の嗜好があらわれている。

中世の人々の、感情の激しさはかなりのものがある。中世の文学にはしばしば、「思いの強かりけるにや」といったフレーズが見られ、何かを思いつめた人間の感情が時に日常性を超えた事態をも引き起こすことが、驚きをもって語られる。『源平盛衰記』も政子の情熱的な行動を、「志《こころざし》殊《こと》に深かりければ」と説明している。

政子の激しさは、時代の激しさでもあった。ただし、中世説話に出てくる多くの人物が、思い過ぎて死んでしまったり、たたったり、化けたり、蛇に変身したりするのに対して、政子の場合、あくまでも現実的に行動し、成功したところが珍しいのである。

ところがこの政子も、やがて鎌倉幕府御台所の地位におさまるや、妹たちの結婚相手を、次々と政略的に決めていくことになる。

近代における脚色

ここでの政子は、日本の古典文学の中でも例のない、情熱的で行動的なヒロインである。ところが、吉川英治『新平家物語』では、この部分が大きく改作されている。政子が自分で走っていくのではなく、頼朝の家人らに自分を略奪させる話になっているのである。次に、その部分を引用しよう。

しかし、花嫁はいつのまにか、覆面をしたたくましい男の背に負われていた。……

「仕すましたぞ。仕すましたぞ。」

かれらは乱舞した。

こう凱歌して、一つの沢を渡った。

そのまに、べつ組の吉茂、小次郎、宇佐美五郎なども、土肥次郎の組に追いつき、一団になって、

「おおいっ」

「してやったぞ、首尾よく」

「祝げ、祝げ」

やがて、この一群は、韮山の峰道まで来て、初めて、政子を地に降ろした。――しかし、その政子は、またすぐ被衣につつまれて、

「お苦しくても、しばらくは、おこらえあれ」

と、馬上になった土肥次郎の鞍まえに、抱え上げられた。

若者のあらましは、みな馬の背に跳びのって、三騎、二騎、五、六騎と、先の影につづいてゆく。……まるで、遠い大昔の夜のようだ。未開土の蛮族が、略奪結婚の風習にまかせて、なんでもないこととしていた通りな光景が、今夜の星の下に行われている。


（火乃国の巻）

中世の『源平盛衰記』との違いははっきりしていよう。たとえ政子自身の計略であるという逃げ道があったにせよ、ここでの政子は布に包まれて一言のセリフも発しないモノと化していて、そういう状態の一人の女性を大勢の男性――その元気さがことさらに強調されている――が略奪するという、まさにポルノグラフィーのような場面が展開されているのである。「未開土の蛮族」なる人が「略奪結婚の風習」を持っていたというのも、いつの時代のどこの人間をイメージしているのかわからないが、近代人の歪んだファンタジーである。ポルノグラフィーはしばしば人種偏見と結びつくという、アメリカのフェミニス

トの指摘が、ここにもあてはまるように思う。

近代の男性作家吉川英治は、なぜ、女性が夜をしのいで恋人のもとに走るという情熱的な物語を、花嫁略奪の場面に置き換えたのだろうか？――きっと、そういう方が、この作家の趣味にかなっていたのであろう。しかし、つい先年も、ＮＨＫ人形劇『平家物語』（吉川英治『新平家物語』の人形劇化）の中で、この近代版の政子略奪物語の方が放映され、多くの視聴者がそれを『平家物語』だと思って見たのではないか。私は、こうした改作は、古典「平家」をゆがめ、女性を蔑視するものだと思う。

夫の不倫

亀の前

頼朝は、一人の女性に誠実を尽くすタイプの男ではなかった。伊豆にいたころも、何人かの女性と通じていたが、その中の一人、亀《かめ》の前《まえ》とは、結婚して鎌倉に入った後も関係を続けていた。亀の前は『吾妻鏡《あずまかがみ》』には、良橋太郎《よしばしたろう》入道《にゅうどう》の息女と書かれており、詳細は不明だが、それほど身分の高い女性ではなかったようである。鎌倉でもあくまで日陰の身であって、その存在が公にされることはなかった。『吾妻鏡』によると「心操ことに柔和」な人であったという。

その亀の前の存在に、政子が気づく時がやってきた。それは、政子が第二子（後の頼家）を出産した一一八二年（寿永元）のことである。

政子はこの年、七月十二日に産気づいて、産所に定めた比企谷殿《ひきがやつどの》に渡った。実際に出産したのはこのちょうど一ヵ月後のことなので、早産の可能性もあったと思われる。いずれにせよ当時の出産は命がけの大事であった。しかも、御台所《みだいどころ》の出産となれば幕府にとっては重大事で、出産の時には、大勢の御家人たちが産所に駆けつける。ところが頼朝は、政子の出産が近付くと決まって、女性問題を起こすのであった。

この六月、頼朝は亀の前を伊豆から呼び寄せ、小窪（小坪か）にある小中太光家《こちゅうたみついえ》宅に住まわせていた。鎌倉に入れず遠隔の地に置いたのは、「外聞のはばかり」があったからだという。しかし、寵愛は日をおってはなはだしくなり、政子が無事に長男を出産して戻ってからも、その関係は続行された。亀の前は伏見冠者広綱《ふしみのかじゃひろつな》の飯嶋家に住むようになっていた。十一月十日、この事実を聞いて、政子は激怒した。このことを告げたのは政子の継母牧《まき》の方《かた》である。

愛人宅を破壊する

政子は、ただちに牧三郎宗親《まきさぶろうむねちか》に命じ、亀の前のいる家を破却させ、さんざんに恥辱を与えたのであった。家主の広綱は亀の前を連れ、命からがら大多和《おおたわ》五郎義久宅に身を寄せた。

十二日、頼朝は遊興という名目で義久宅に行き、事件について問いただし、牧三郎宗親を呼びつけた。牧三郎宗親は恐縮して、額を地につけんばかりにして謝ったが、頼朝は怒りが収まらず、宗親のもとどりを切ってしまったので、宗親は泣いて逃亡した。頼朝の言い分は、

「御台所を重んじ奉《たてまつ》ることは大変神妙であるが、かの命令に従うとしても、このようなことは、内々に私に告げるべきである。それをしないで、たちまち恥辱を加えるとは、奇怪なことである。」

というのであった。この争いには、政子と頼朝の、御家人に対する権力行使をめぐる確執がからんでいた。

話はこれで終わらなかった。牧宗親は、政子の継母牧の方の父である。怒ったのは、牧の方の夫、政子の父の北条時政である。時政は、翌十三日、牧宗親に対する仕打ちに憤り、伊豆に帰ってしまう。これにはさすがの頼朝も蒼くなって、あわてて時政の子の北条義時《よしとき》を探し求めたところ、鎌倉にいたので、ひとまず安堵の胸をなでおろした。下手をすれば北条氏が一族を挙げて反乱を起こすかもしれないと危惧されたのである。

このような事件があったにもかかわらず、亀の前との関係は切れなかったらしい。十二月には、亀の前は再び小坪の家に移っている。亀の前は政子を恐れていたが、頼朝の寵愛

が激しさを増すばかりなので、仰せに従ったのだという。一方、亀の前に家を貸していた伏見冠者広綱は、御台所の憤りによって遠江《とおとうみ》に配流にされている。

この後亀の前がどうなったのかは、記事がないので不明であるが、一連の事件を見れば、どう考えても頼朝に勝ち目はなく、結局守りきれなかったと思う。それにしてもこの時期、まだ平家は滅びていない。木曾義仲《きそよしなか》も健在である。政子にとっては、この事件は御台所の地位をかけた闘争であるのだが、頼朝としては、こんなことをやっている場合ではないと思うのだが……。

うわなり討ち

夫の愛人宅を破壊するという乱暴な行為は、政子の気性の激しさにもよるであろうが、その背景には、当時の社会慣習も存在していた。

平安時代には、「うわなり討ち」という習俗があった。「うわなり」とは後妻のことで、前妻を「こなみ」という。夫を後妻に取られた前妻は、従者たちを率き連れ、大挙して後妻の宅へ押しかけて散々に暴れた。後妻の方でも、これを迎え討つこともあった。

そもそも多妻や心変わりは夫の責任なのだが、そこは惚れた弱みか、夫を奪った女に対して無感情ではいられない。その嫉妬を、封じ籠めるのでなく、社会的に制度化された形で表象するのが「うわなり討ち」である。ただし、実際には全ての離婚女性がこうした行為に出たわけではない。

この慣習は、少なくとも室町時代の末ごろまでは一部で行なわれていたらしい。たとえば、一四四四年（文安元）、東福寺領備中国上原郷《かんばらごう》で農民闘争が起こり、百姓たちが庄主光心《こうしん》の罷免を求めて逃散《ちょうさん》し、百姓申状《もうしじょう》を提出した。申状には、庄主光心が行なった非法の数々が書き上げられていたが、その中には、光心が「長脇殿《ながわきどの》の後家上臈《ごけじょうろう》とねんごろになって通っていながら、百姓の下女にも手を出したので、後家上臈は夜中に手勢を集め、うわなり討ちと称して、その下女を捕らえて殺害した」ということが書かれている（「九条家文書」『図書寮叢刊九条家文書』六）。

政子が亀の前の家を打ち壊した一件も、「うわなり討ち」の伝統的な流れの中に位置づけられるものであろう。政子が乱暴だったのは事実であろうが、政子だけが乱暴だったわけでもない。

女性の暴力

余談だが、中世社会においては、女性も暴力を行使する場合があった。たとえば、こんな記録がある。鎌倉時代のはじめごろ、筥崎宮《はこざきぐう》の浜殿で男女二人が争いつかみあっていたが、やおら女が男の腰刀を抜き取って男を刺した。男は刀を取り返し女を刺したが、結局、男は死に、女は傷を負ったが命を取り留めた（「宮寺縁事抄箚崎」『鎌倉遺文』一五七号)。

鎌倉時代の武士社会で、一所懸命《いっしょけんめい》に土地を守り広げるのは、女性も男性も同様であった。そのためには、時に武力を行使することも辞さなかった。東国では尼や女房(在俗の女性)も、馬の口取《くちと》りをする人を連れず、単独で馬に乗ることがあったという(『沙石集《しゃせきしゅう》』)。

鎌倉幕府の裁判記録には、しばしば、「多勢を率いて」狼藉《ろうぜき》をしたと訴えられた女性が見られる。中には、所領の経営をしている女性(渋谷重員《しぶやしげかず》の妻)が、幕府の使者が領地に押し入ってきたのを、おそらくは従者たちに命じて、つかまえて討ち据え、刀で傷を負わせたうえ、両手の指を折ったという記録もある(「入来院文書」『鎌倉遺文』一三〇七六号)。

農民の女性にとっても、生活を守るための戦いは体を張った命がけのものであった。ある下作人の妻は、実った田に領主の使者が押し入って、勝手に稲を刈り取り、馬に乗せて持ち去ろうとしたところを、自ら馬上の稲束に飛びつき、刃物で切り落としたという(「春日神社文書」『鎌倉遺文』三九七九号)。

一般に、女性の武力というと、女武者の巴御前《ともえごぜん》や坂額御前《はんがくごぜん》の勇姿が思い浮かぶ。このうち、巴御前は『平家物語』に美しく描かれており伝説的な存在と考えられるが、坂額御前の方は『吾妻鏡』に記述があり、まだ真実味がありそうである。しかし、こうした特例を除けば、戦争を職能とする武者のほとんどすべては、男性であった。女性の御家人《ごけにん》は、幕府からかかってくる軍役は、身内の男性を代理に立てたり、あるいは金納という形で勤仕《きんじ》しており、自ら軍役に就くことはなかった。武芸という戦争のための芸能は、はっきりと男のジェンダーに属するものであった。

しかし、生きるための日々の戦いにおいては、女性も時に実力を行使した。それは、戦争での武芸とは別のものである。裁判や警察よりも、まずは自分の実力がものを言う厳しい中世社会の掟の中で、女性も決して無縁ではいられなかったのである。やがて室町・戦国時代に戦乱が日常化すると、籠城したり、武器を運搬したり、時には武力を行使して、女性もともに戦うことになる。もちろんその陰には、戦争の被害者とされた膨大な数の女性があったのであるが。

女たちの情報ネット

余談ついでにもう一つ、女性たちの噂の効用について触れておきたい。亀の前の存在を政子に耳打ちしたのは、政子の継母である、時政の後妻牧の方である。牧の方は、若き坪内逍遙《つぼうちしょうよう》が「レデー・マクベス」を連想して非常に魅せられ、戯曲『牧の方』を著したというほどの陰謀家であり、後年、政子と権力闘争を繰り広げる。そのため、この牧の方の告げ口は、わざと意地悪く事を荒立てるためだったと邪推する向きが多いが、私には何とも言えない。私がここで注目したいのは、こうした口コミ情報のあり方についてである。

当時の女性は、男性よりも家にいる時間が長かった。また、この時代にはすでに、妻が家内を管理・運営する役目を負うようになっていた。それゆえ、家の奥深く秘められた家族の出生や人間関係をめぐる事件を知りその情報を管理したのは、多くは女性たちだったと思われる。

『吾妻鏡』によると、後に、政子が長男頼家に将軍職を辞めさせたさい、これを不服とした頼家とその舅《しゅうと》比企能員《ひきよしかず》は北条追討の相談をした。この時、政子は障子《しょうじ》の陰で陰謀を立ち聞きし、書状にしたためて、父時政の許へ侍女《じじょ》を走らせたという。また同じ年、次男の実朝《さねとも》を時政の屋敷に住まわせておいたところ、政子の妹で実朝の乳母《めのと》の阿波局《あわのつぼね》から、牧の方が実朝を殺そうと企んでいるとの連絡が入り、政子はあわてて息子を引き取ったという。このように、政治史の裏舞台では、家の奥深くで発生する重大な情報が女たちによってキャッチされ、流されていたのである。それは、政子のような女主人から女房らをも巻き込んだ、情報のネットワークであったといえる。

従者や下人でさえ、女性は家の奥深く秘せられた情報を握る機会が多かった。当時、女性の主人には女性の下人、男性の主人には男性の下人が与えられることが多かったが、それは、それぞれのジェンダー（社会的に作られた性別。人間を二つに分けてそれぞれの役割を負わせるしくみ）による仕事の割り当てのためであったろう。したがって、女性の下人は、家内の奥深く秘められた情報を、もっともよく知り得る立場だったわけである。鎌倉幕府の裁判記録の中に、殺された下女の話がある。十三世紀の後期、豊後国で、御家人の姉と弟が地頭職《じとうしき》（荘園や公領の管理や年貢徴収などを行なう職務と得分）を争って訴訟になった。父が最初、姉の方に譲っておきながら、後から悔返《くいかえ》して弟に譲り直したために、争いが起こったのである。当時の法に照らせば、親はいったん子に譲った所領を取り戻し（悔返し）て、他の子に譲る権限があるので、この場合、後から譲られた弟の勝ちである。ところが、一人の下女が重大な秘密を申し出た。この弟は父の実子でなく「取り子」（養子）であるというのである。これを聞いた弟側は、この下女を殺害してしまったという。弟側では、下女は殺したのではなく、売ってしまったのだと申し述べたので、幕府はそれ以上追及することはなく、弟側を勝訴させた。実際に、どちらが正しかったかわからないが、下女から「取り子」と言われた弟側は大いに慌てたことだろう（「野上文書」『鎌倉遺文』一〇六一七号）。このような、主人の出生の秘密を知るのは、人生の大半を主人の家に従属して過ごしてきた譜代下人《ふだいげにん》の女性たちであろう。主人にとって、そうした存在は恐いものであったと思われる。

中世の男性の手になる書物には、「児女子《じじょし》が口遊《くゆう》」（『愚管抄《ぐかんしょう》』）といった言い方がしばしば見られる。たとえば「北条重時家訓」には「女などのたとへに、身をつみて人のいたさを知ると申」（『中世政治社会思想』上）とあり、当時、こうした諺《ことわざ》が女性によって語られるものと認識されていたことがわかる。そこには、男性の文化人による女性の口承文化への一定の評価があるといえよう。

頼朝の不倫を政子に知らせた牧の方の思惑は何処《いずこ》にあったのだろうか。ここでは、ひとまず、女たちの情報のあなどれぬ力を指摘するにとどめておきたい。

頼朝の女性問題

頼朝は、京都の生まれである。彼の母親は父義朝《よしとも》の正室で熱田大宮司《あつただいぐうじ》藤原季範《すえのり》の娘であるが、義朝はこの他に武士の娘や、女院に仕える雑仕女《ぞうしめ》、さらに宿々《しゅく》で歌や舞いを披露する芸能民である遊女《あそび》たちと関係を持ち、子をなしていた。平安貴族の男性には、こうした多妻多妾が許されていたのであり、頼朝もこうした感覚を身につけていたと考えられる。そこには、自然に身についた感覚に加えて、東国の地にあって、あくまで都人《みやこびと》として生きようという意思が働いていたのかもしれない。

しかし、政子たち東国人の感覚は、頼朝とはかけ離れたものであった。東国ではすでに一夫一婦が強く結び付いて家を構え、経営をともに行なう形が一般的になっていた。政子にとって、夫の女性関係は不倫以外の何ものでもなかったのである。ここに、二人の間の深い溝が顕わになる。政子にとって、鎌倉の御家人宅に愛人を呼び寄せ、足しげく通う夫の行為は自分への裏切りであり、さらに、御台所の地位を危うくするものであった。東国の御家人たちもまた、頼朝の行為を「ご密通」とささやいた。

しかも頼朝は、次から次へと女性問題を起こす。やはり、政子が頼家を出産するころ、頼朝は人もあろうに、平治の乱で死んだ兄の悪源太義平《あくげんたよしひら》の後家にひそかに艶書《えんしょ》を通じたのである。しかし女性がなびかないので、頼朝は女性の父新田義重《にったよししげ》に二人の関係を認めさせようとしたが、義重は思慮深く、さっさと娘を他の男と結婚させてしまった。義重が恐れたのは、やはり「御台所の御後聞《ごこうぶん》」であった。

このほかにも、頼朝は女房の大進局《だいしんのつぼね》を寵愛し、一一八六年（文治二）年に一男子（貞《てい》暁《ぎょう》）をもうけている。当時の主人と女房の間では、今で言うセクハラが日常的に行なわれ、社会的にも非難を受けなかった。この前年に、政子は第三子乙姫《おとひめ》を出産したと考えられ、大進局との関係も、やはり政子の出産を狙って深まったと思われる。この十月には、御家人の長江《ながえ》江太《ごうた》景国《かげくに》が、大進局の子をかくまっていたことが政子にばれ、政子に怒られた景国は隠れてしまう。五年後、頼朝は政子の怨みの深さに負け、大進局を京都に住まわせ、伊勢国を宛て賜うことにした。

　それにしても、頼朝が妻の出産時になると決まって不倫をするのは、「都生まれの貴族だから」というのでは説明しきれない、何やら奇妙な、人間的な欠落を感じさせるものがある。平安貴族社会でも、妻の出産のスキをねらって愛人を作るなどという習慣は存在しない。これは、ひとえに頼朝の人格の問題であろう。

　当時の出産は命がけである。しかも、政子はそれほど安産型ではない。そのうえ御台所の出産ともなれば私的なことではありえず、出産の日には、御家人らが大勢、産所とされた屋敷に集まってくる。さらに、頼朝はまだ男子にめぐまれていなかった。そのような状況下、御家人のひんしゅくをよそに、愛人のもとに入り浸っている頼朝は、「かなりアブナイ人」ではないか。

　ただし、妻の出産時に不倫に走る心理的傾向というのは、現在でも存在するらしい。妻の出産時は、夫も精神的に不安定になるものであり、日本の民俗社会には、「男のつわり」という心理的な現象すらある。アマゾンの方には、妻が出産すると、夫が産婦の真似をして、一週間もの間ハンモックに横たわって休み、人々から出産を祝福される所もあるという。そんな、夫にとっても不安定で、無感情ではいられない時に、頼朝は決まって愛人を作った。頼朝の場合、政子が妊娠した時、その腹に帯を巻く着帯《ちゃくたい》の儀式は手ずから行なったものの、出産が近づけば、政子は産所とされた比企邸や北条邸に移ってしまって、出産までの時間を夫婦で共有することはなく、産婦の夫としての役割はあまり期待されていなかった。いざ産気づいてはじめて夫は産所に向かった。つまり当時は、出産そのものには夫も何らかの役割を果たしたが、いよいよそこに至るまでの過程で、出番があまりなかったのである。頼朝のような、兄弟や御家人に対する酷薄な仕打ちで知られる男、心に孤独と猜疑心を抱えた権力者を、不安定なまま放っておいたのはマズかったのかもしれない。

それにしても、この時点での鎌倉殿は、後年、政子や北条泰時《やすとき》が目指していく、人民の範《はん》として仁政《じんせい》を行なう君主の姿と、いかに遠く離れていたことか。

富士の巻狩り

一一九三年（建久四）、頼朝は富士の裾野《すその》で大規模な巻狩《まきが》りを催した。この時、十二歳の長男頼家もはじめて参加した。そして、見事に鹿を射止めたのである。

頼朝の喜びようはひととおりでなく、すぐに梶原景高《かじわらかげたか》を使者に立てて、鎌倉の政子の許に、我が子の手柄を報告した。しかし、政子は少しも感動せずに言い放った。

武将の嫡嗣《ちゃくし》として、原野の鹿鳥《かちょう》を獲《と》る。あながちに希有《けう》たるに足らず。楚忽《そこつ》専《もっぱ》らの使い、すこぶるその煩《わずら》いあるか。（『吾妻鏡』建久四年五月二十二日条）

「武士の嫡子が、原野の鹿や鳥を狩ったところで、別に珍しくはない。このような軽はずみな使いを立てるなど、人迷惑もはなはだしい」というのである。すっかり面目を失った使者は、慌てて帰って行った。頼朝の親馬鹿ぶりに対して、政子のクールな賢母ぶりを示すエピソードとして、よく知られている。

これについて、歴史家の解釈はさまざまである。永原慶二氏は、これを貴族出身の頼朝と東国武士出身の政子との階級の違いとして説明した。そして、東国武士らにとって、その権利の真の代弁者は政子の方であったとまで述べた（『中世成立期の社会と思想』）。

これに対して、千葉徳爾氏は、この巻狩りは山の神をまつる重要な儀式であり、そこで年若い頼家が鹿を射止めたということは、彼が、軍事政権である幕府の首長の後継者たる資格を、神に認められたことを示しており、それゆえに頼朝は手放しで喜んだのだとしている。そして政子が喜ばなかったことについて、

それが彼女の偉さとして伝えられてもいるけれども、実はそれは大集団狩猟の意義を

知らない女性の思慮にすぎなかったのではあるまいか。と述べている（『狩猟伝承研究』）。石井進氏は、この見解に賛成し、ここで、頼朝は心中「何もわかっておらんのだな」と慨嘆したであろうとしている（『中世武士団』）。

富士の巻狩りに儀礼的性格を見るのはよいし、十二歳の頼家が見事に鹿を射止めたことが、将軍後継者としての輝かしい将来を示す象徴的な出来事であったというのも理解できる。しかし、それを政子が「何もわかっておらん」というのはどうだろうか。狩猟が男のジェンダーに属するものであっても、巻狩りは秘儀ではあるまい。このような大がかりなイヴェントの象徴性について、東国生まれの政子にわからないというのは不自然ではないか。たとえば、政子が小さい子供のころ、父時政らが狩猟から帰って来て、手柄自慢をしながら庭前で獲物を切り分け、火であぶって串に刺してくれるのを楽しみに待ったというような、そんな経験はないのだろうか。山の神に感謝するようにと、しつけられた経験はないのだろうか。

ここはやはり、頼朝の人目もはばからぬ嫡子への偏愛に辟易《へきえき》した政子の発言と考えておいた方が、まだ説得的である。また、後年、頼家は将軍になってからも狩猟を好んだが、そのころ、政子はすでに、武士の狩猟が引き起こす民の迷惑に気づいていた。それを思えば、ここでの母と父との子供に対する姿勢の違い、ひいては母と子との思想の違いに、何やら運命的なものを感じてしまうのである。

そして、この富士の巻狩りの最中に、有名な曾我《そが》兄弟の仇討ちがあり、鎌倉では頼朝も討たれたという噂が流れ、政子は大いに心配した。この時、頼朝の弟範頼《のりより》が、「私がついていますから大丈夫ですよ」と義姉を慰めた。これがもとで、源平合戦に大きな功績のあった範頼は頼朝から謀反の疑いをかけられ、伊豆に流されてしまう（『保暦間記』）。

大姫の悲劇

義仲の息子

政子は、頼朝と結ばれた一一七七年（治承元）の直後から一一九二年（建久三）までの一五年間に、大姫、頼家（幼名・万寿《まんじゅ》）、乙姫（三幡《さんまん》）、実朝（幼名・千幡《せんまん》）の四人の子供を生んだ。最後の実朝を生んだ時は、すでに三十代の半ばを過ぎるころであり、当時としてはかなりの高齢出産を成し遂げたことになる。これも、個人の家族計画ではなく、幕府の存続に関わる問題であった。平安時代の女性は、三十代という年齢が、男性との性的接触を断つ人生の節目にされていたという。もちろん中には、三十歳を越えて出産した人もあったが、危険を伴うこととされ、好まれなかった。政子は、その点でも新しい時代を歩んでいた。

しかし、その大切な子供たちは、いずれも若くして世を去ってしまう。娘たちは病気で、そして、息子たちは政治的抗争のさなかで、次々と倒れていくのである。

一一八三年（寿永二）、平氏との戦さをすすめる木曾義仲は、息子の志水冠者義高《しみずのかじゃよしたか》を人質として鎌倉に送ってきた。頼朝は、義高を大姫の婚約者に定めた。この時、義高は十一歳で、大姫はまだ五、六歳の子供であった。ところが、頼朝と義仲は対立し、一一八四年（寿永三）正月、粟津《あわづ》の原にて義仲は滅び去った。

その年の四月二十日の夜、殿中がにわかに騒がしくなった。頼朝が、志水冠者義高を殺してしまおうと、腹心の武士らを呼び集めていたのである。これを知った女房たちは、密かに大姫に知らせた。明け方、大姫から事情を聞いた義高は、女房姿になり、女房らに囲まれて館を抜け出し、かねて用意の馬に乗って逃走した。館では、義高の遊び友達の海野《うんの》小太郎幸氏《ゆきうじ》が、義高が寝ているように見せかけたり、仲間で双六《すごろく》を打っているような芝居をうったので、しばらくは誰も義高の不在に気がつかなかった。しかし、夜になると頼朝の知るところとなり、幸氏は召し籠められた。大姫はろうばいし、魂が消え入るほどに心を痛めた。しかし、これは見方を変えれば、頼朝が、少年少女たちが仕組んだ計略にまる一日の間まんまと欺かれたということでもある。

二十六日、入間《いるま》河原において、堀藤次親家《ほりとうじちかいえ》の郎従《ろうじゅう》が、義高を殺害したという連絡が鎌倉にもたらされた。頼朝もさすがに大姫の耳には入れぬよう気を遣ったが、誰か女房が告げたものであろうか、大姫はそれを知ってしまった。そして、食べ物も水も口にしなくなった。

政子は大姫の心を思い、ひどく嘆き悲しんでいたが、しばらくすると、激しく怒った。そして、二ヵ月が過ぎるころ、義高を殺害した堀藤次親家郎従を捕らえ、首を切らせたのである。その時、政子は次のように言った。

「たとえ、頼朝公の仰せだったにせよ、密かに大姫に伝えるのが筋というものだ。」

頼朝は、政子の憤怒に逆らうことができなかった。やむなく、この功績ある忠義の郎従の斬罪を認めた。

一方、大姫は子供心に深い傷を負った。義高の死以来、病の床につき、日をおって憔《しょう》悴《すい》していった。時にわずか六、七歳。二十歳の若さで亡くなる日まで、その傷が癒えることはついになかった。

大姫入内計画

大姫は、寝たり起きたりといった生活になり、両親は観音堂に願を立てて大姫の病気平癒を祈ったり、大姫を旅に連れ出したりした。一方で、大姫は鎌倉殿の嫡女《ちゃくじょ》（主要な女子）であるから、それにふさわしい教育もしなければならない。政子は、親類その他の人々との社交に大姫を伴い、大姫からも贈り物をさせるなどして一定の役割を持たせるように教育している。だが、その病状は皆の知るところとなり、人々を一喜一憂させた。

政子と頼朝は、大姫の鬱《うつ》を晴らすには、しかるべき結婚相手を見つけるのが得策、と考えたらしい。大姫が十七歳のころ、政子は、大姫の従兄弟にあたる貴族一条高能《たかよし》との結婚を勧めたが、大姫は「そんな結婚をするくらいなら、深い淵に身を投げて死んでしまう」と言って承諾しなかった。頼朝は、「そんな風に考えているとは思いも寄らなかった」と、女房を通じて娘にあやまった。

その翌一一九五年（建久六）、頼朝は、再建された東大寺大仏の落慶《らっけい》供養《くよう》に参加するため、家族を連れて京都に上り、あちこち参詣してまわった。しかし、上洛の真の目的は、大姫を後鳥羽天皇の後宮に入内《じゅだい》させることであった。頼朝は、京都政界を牛耳る丹後局《たんごのつぼね》に接近し、政子が会見を持っている。

丹後局とは、本名を高階栄子《たかしなえいし》といい、はじめはある男性と結婚していたが、やがて後白河上皇の寵妃《ちょうき》となってその院政に参画し、上皇の死後も、後家として上皇の遺産を管領し、娘の宣陽門院《せんようもんいん》に膨大な女院《にょいん》領を知行させ、政治的には源通親《みちちか》と組んで九条兼実《かねざね》と対抗するなど、京都政界に大きな実力を持っていた女性である。

当時、十六歳の後鳥羽には、すでに関白九条兼実の娘の任子《にんし》（のちの宜秋門院《ぎしゅうもんいん》）と、源通親の養女在子《ざいし》（のちの承明門院《しょうめいもんいん》）という二人のきさきがいた。頼朝と政子は、そこにさらに大姫を送りこもうとしたのである。神経症の娘を、遠い京都の、すでに複数の妻のいる十六歳の少年の後宮に送りこむなど、考え難いことであるが、しかし当時は、天皇のきさきとなって皇子を生むことが、女性として最高の幸運とされていたので、政子もそれが娘のためと思ったのであろうか。いずれにせよ、頼朝と政子に何か政治的な思惑があったことは確かである。

大姫入内問題は、各方面に重大な影響を及ぼした。特に、親幕府派の公卿として長年頼朝と協力関係を築いてきた九条家が、もっとも大きな被害を受けた。大姫入内工作の中で、頼朝は、九条兼実のライバル、丹後局―源通親ラインに急接近したのである。その理由についてここで論じる用意はないが、非常に危険な行動だったことは確かである。同年、兼実の娘は皇女を、通親の養女は皇子を生み、幕府から見捨てられた形の兼実は、翌年、関白を罷免されてしまう。

このようなリスクを伴ったにもかかわらず、大姫は一一九七年（建久八）、入内を前に帰らぬ人となった。政子の悲嘆と虚脱感は想像に余りある。『承久記』には、娘とともに死んでしまいたいと嘆いて、頼朝に止められる政子が描かれている。

大姫亡き後、次女の乙姫（三幡《さんまん》）に入内の話があったようであるが、乙姫も、一一九九年（正治元）、頼朝の死の直後に発病し十五歳で死んでしまった。

心の病

戦前の歴史の本には、大姫のことを、幼くして婚約した男の死後、ついに二夫にまみえなかった貞女節婦《ていじょせっぷ》よと称賛したものがある。しかし、今、子供の心が負う外傷の深さをよく知っている私たち現代人なら、そうした評価がいかに欺瞞《ぎまん》に満ちたものかが、容易に理解される。大姫は、父に負わされたトラウマを背負いながら、一四年の余命を生きねばならなかったのである。

親しい人を失った痛苦は、中世人にも、精神と身体に深刻なダメージを与えた。たとえば鎌倉時代のある母親が、子供たちのことを祈願した文書に次のようなものがある。

そもそも一男俊賢（彦太郎）は、母に先だちて早世す。一女は、兄に後れ恨みを増し、かの兄を思い、この悲しみ殊に甚だし。嘆きいよいよ切なり。

（「春日神社文書」『鎌倉遺文』二九六六〇号）

　ここでは、親しい兄を失った悲しみから立ち直れない娘の姿が見られる。中世の人々も、精神的な苦悩がその生命を危うくすることがあったのである。中世には、堀河天皇の寵愛を受けた讃岐典侍《さぬきのすけ》のように、愛する帝の臨終の様子を『讃岐典侍日記』にリアルに書きつづり、さらに神がかり状態になって、死んだ帝の託宣までしてしまった女房もあったが、大姫にはそうした感情の外部への発現もなかった。

　大姫は、鎌倉幕府の誇り高い嫡女として育った。想像をたくましくすれば大姫の人生は、親譲りの激しい感情が、その母のように外に向かって発散されることなく、もっぱら自分の内に向けられた場合の、恐ろしい結果を示しているように思われるのである。

政治と人生

御台所の日々

頼朝と結ばれたことで、北条政子は政治家への道を歩んで行くことになった。政治家・北条政子の生涯を通観すると、次のように四つの時期に分けることができる。

人生の諸段階

(1) 一一五七〜一一七七年（一〜二十一歳）

誕生から結婚まで。伊豆で地方豪族の嫡女《ちゃくじょ》として少女時代を過ごす。早く母をなくしており、弟妹らの面倒を見ていたと思われる。二十歳を越えてから、相手を自分で選び、結婚する。

(2) 一一七七〜一一九九年（二十一〜四十三歳）

頼朝の妻として、鎌倉幕府御台所《みだいどころ》として過ごした時期。四人の子を出産。

(3)　一一九九～一二一九年（四十三～六十三歳）

頼朝死後、二人の息子が将軍であった時期。頼朝の後家として、二代・三代将軍の母として、幕府政治に携わった時期。

(4)　一二一九～一二二五年（六十三～六十九歳）

二人の息子も失い、次期将軍として京より摂関家の子息を迎えて養育しながら六十九歳で亡くなるまで、名実ともに尼将軍として幕府の先頭に立った時代。

ここでは、(2)の時期から順に、その活動をくわしく見ていきたいと思う。

鎌倉入り

頼朝挙兵の後、政子は伊豆山で、自分の読経の師である法音尼《ほういんに》に日々祈禱させながら、伊豆走湯山《いずそうとうざん》の覚淵《かくえん》の坊に寄宿していた。頼朝が緒戦で山木兼隆を破り、一安心したのもつかの間、続く石橋山の惨敗にはひどく心を痛めた。

頼朝は、三浦氏の水軍に助けられ、やっとのことで安房《あわ》に渡ると、政子に無事を告げるべく土肥遠平《どいとおひら》を使者に立てた。それが伊豆の政子のところに到着するや政子は、『吾妻鏡《あずまかがみ》』の表現を借りれば、「悲喜計会」したという。その時から、政子は伊豆山を出て、伊豆秋山郷に移っている。

やがて、頼朝が関東の武士団に支えられて鎌倉入りを果たすと、その四日後に、政子も鎌倉に入った。頼朝は鎌倉に入るや、間髪を入れず、伊豆から政子を呼び寄せたのであり、政子の存在がいかに重要であったかがわかる。頼りにされた政子もすぐにそれに応じ、一一八〇年（治承四）十月十一日、鎌倉に入った。この時から、鎌倉幕府御台所としての政子の人生が始まっていくのである。

当時の鎌倉は、『吾妻鏡』によれば、まだ人口の少ない寂しい海浜の村で、海民・農民がわずかに生活していたというが、近年の発掘により、ある程度の人口を擁する場であったことがわかってきた。これ以後、政子は死ぬまでこの地で生活をする。そして、その生涯とともに、鎌倉は急速に都市化の道をたどっていくことになる。

御台所の仏神参詣

『吾妻鏡』に見られる、頼朝の御台所としての政子の活動でもっとも多いのは、鎌倉各所の寺社に参詣し、仏神事に参加することである。ここで、それらの記事をいちおう資料として列挙しておきたい。

一一八五（文治元）　一・二十一　頼朝とともに栗浜明神に参詣。
二・九　南《みなみ》御《み》堂《どう》（勝長寿院《しょうちょうじゅいん》）事始め。頼朝とともに渡る。
十・二十　本覚院僧正公顕《こうけん》が鎌倉に来る。頼朝と政子に贈物。

十・二十四　南御堂（勝長寿院）供養。堂の左右に仮屋を構え、左方に頼朝、右方に政子と一条能保室《よしやす》（頼朝妹）が座す。山側に北条時政室（牧の方）と御家人等の妻の聴問所を設ける。

一一八六（文治二）一・二　頼朝とともに甘縄《あまなわ》神明社に参詣。

七・十五　盂蘭盆《うらぼん》。勝長寿院で万灯会《まんどうえ》あり。頼朝とともに渡る。

十二・六　政子、鶴岡《つるがおか》に参詣。神楽《かぐら》があり。巫女職掌たち面々に禄《ろく》を賜う。

一一八七（文治三）一・一　頼朝、鶴岡若宮に参詣。政子と若公（頼家）もともに参詣。

五・五　鶴岡で神事があり、政子が参ず。

一一八八（文治四）一・二十六　若公（頼家）とともに鶴岡に参詣。

四・二十三　頼朝、持仏堂にて法華経講讃を始める。毎月二十三日式。この日は政子祖母の忌日である。

七・十五　勝長寿院万灯会。頼朝とともに参ず。

一一八九（文治五）　一・二十四　鶴岡に参詣。
閏四・二　鶴岡に参詣。若公（頼家）がつき従う。
八・十　奥州征伐の祈請のため、女房数人とともに鶴岡に百度詣。
十・十七　鶴岡と甘縄に参詣、報賽《ほうさい》御神拝。
十二・十八　頼朝の奥州征伐のさいの立願のお礼参り。
一一九〇（建久元）　五・三　勝長寿院にて、四月に難産で死んだ一条能保室（頼朝妹）の追善仏事が行なわれ、頼朝とともに聴聞。
一一九一（建久二）　四・八　勝長寿院で仏生会《ぶつしようえ》。頼朝と若公（頼家）とともに参ず。
九・三　頼朝、先孝（義朝）のために勝長寿院で仏事を行なうが、自身は「御衰日」によって参ぜず。政子が聴聞。
一一九二（建久三）　十一・二十　永福寺《ようふくじ》の造営成る。政子が参詣。
一一九三（建久四）　八・二十九　岩殿観音堂に詣でる。

一一九四(建久五)　一・二十九　政子、伊豆・箱根二所権現に奉幣《ほうべい》のため出発（二・三帰着）。

七・八　頼朝とともに鶴岡に参詣。

閏八・二　前日に頼朝、若公（頼家）、姫君とともに三浦へおもむき遊興するが、この日、政子のみ鎌倉へ帰る。彼岸の初日にあたるので、これから持仏堂で七日間の仏事を修するため。

閏八・八　政子の仏事結願。志水冠者義高追福のための仏事あり。

十・二十五　勝長寿院にて如法経十種供養。頼朝とともに結縁のため参ず。

十一・十五　頼朝とともに鶴岡に参詣。

十二・二十八　頼朝と若公（頼家）とともに永福寺に参詣。

一一九五(建久六)　二・十四　頼朝と男女子息とともに上洛（七・八帰着）。

三・九　石清水、左女牛《さめうし》若宮に参詣。政子は白装束。

四・三　清水《きよみず》以下の霊地を密々巡礼。
五・二　天王寺参詣。
六・十八　政子と姫君等で清水以下密々巡礼。
八・九　政子、妹の稲毛重成妻の仏事を修す。

こうした仏神事はほとんどが、頼朝と政子が並んで鶴岡八幡宮や勝長寿院・永福寺《ようふくじ》などに参詣し、御家人らとともに行なった、幕府の公式なセレモニーである。

幕府のセレモニー

一一八五年十月、頼朝が鎌倉に建立した勝長寿院の落慶供養の時は、堂を中心に、左右に仮屋を構え、左方に頼朝、右方に政子が座すという、非常に象徴的な演出をしている。将軍と御台所の双方うちそろってこその鎌倉幕府であることを、人々の前に示したわけである。やがて頼家らが生まれると、家族そろってこうしたセレモニーに姿を現わすことが多くなり、将軍の「家族の肖像」を人々のイメージに焼きつけていった。

また、頼朝の奥州攻めのさいには、政子は女房たちを連れてお百度詣でを行なっており、これも夫の戦勝を祈る妻の役割が、公的な色彩を帯びた御台所の役割として行なわれたものであろう。

さらに特筆すべきは、一一九四年の正月末に、政子が二所奉幣《にしょほうべい》を自ら行なっていることである。二所奉幣とは、将軍が毎年正月、伊豆箱根両権現に奉幣を行なうことであり、鎌倉幕府の将軍権力を象徴する重要な儀礼である。これを政子が行なったことは、御台所が将軍権力を分有する者であることを人々に示すパフォーマンスと考えてよいであろう。

政子は、より個人的な、自分自身や近親の追善や逆修も行なっている。

家族のための仏事

たとえば、一一九五年、政子は京都からの帰り道に、妹の稲毛重成妻が危篤であるとの報を受けた。だが政子が鎌倉に着く前に、妹は死んでしまい、その夫稲毛重成は別離の愁いに耐えられず、たちまちに出家を遂げていた。中世においては、夫が死んだ時、妻は出家して尼になるのが慣わしであったが、この鎌倉初期ごろまでの時期には、妻が死去したさいに、夫が悲嘆のあまり出家した例もしばしば見られる。たとえば九条兼実がそうである。この時期は、配偶者死後の出家が、必ずしも一方的でなく行なわれたのである。妹が死んで一ヵ月の後に、政子はその追善の仏事を自邸にて修している。

当時の女性が追善仏事を主催したり、供養のために所領を寄進したりする家族の範囲は、自分自身の祖父母・父母・夫・子などであり、配偶者の親は入らないのが普通である。しかし、一一九一年九月三日、頼朝が亡父義朝のために勝長寿院で仏事を行なった時、頼朝自身は「御衰日」によって参ぜず、政子が聴聞したという記録がある。また政子は頼朝の妹の追善仏事にも参加している。逆に、一一八八年四月二十三日には、頼朝が持仏堂にて法華経講讃を始めたという記録があり、この日は政子祖母の忌日にあたるという。すなわち、頼朝と政子の夫婦間では、自分自身の親のみならず相手の祖父母・父母に対しても、その追善仏事に参加するなど、一定の役割を果たしていたといえる。これも夫婦が対《つい》になって、ともに生活し、家を経営し、幕府を運営していこうという姿勢の現われであろう。

仏事には、このほか政子自身の信心に由来するものがある。たとえば、京都を訪れた時に、政子や頼朝たちはプライベートで清水以下の霊場を巡礼しているが、政子はこれが気に入ったとみえて、再度、今度は娘たちを連れて巡礼を行なっている。

このほか、御台所時代の政子の活動で特筆すべきことは、戦乱の中で不遇になった親族の女性たちを、実によく保護し、面倒をみている点である。

宮菊の事件

一一八五年(文治元)、京都において、前年に滅んだ木曾義仲の妹の宮菊《みやぎく》が、所領押妨《おうぼう》をもくろむ人々の中心人物に仕立て上げられていた。宮菊は、先に政子の猶子《ゆうし》になっていたのだが、その威を借りようと多くの人が群がり、すでに廃棄された証文を捧げ、すでに不知行になっている所領を宮菊に寄進しては、宮菊の使者と称して、権門の荘園や公領を押領《おうりよう》していた。このことが鎌倉に聞こえ、頼朝は、

「物狂《ものぐるい》の女房の濫吹《らんすい》を停止《ちようじ》し、それに従う者どもを捕らえよ。」

との命令を出した。しかし、政子は宮菊を憐れみ、

「あなたの一族の中から痴《し》れ者の犯罪人を出したと、世間の誹《そし》りを受けますよ。かりに、文書には『物狂』の字を載せたにしても、ひそかに憐みの志をもって、関東に呼び寄せましょう。」

と言って、頼朝を諫めたという。

やがて宮菊は鎌倉に着き、押領のことは奸曲《かんきよく》のやからが自分の名を借りてやったことで、まったく知らなかった、と陳謝した。政子はことにこの姫を憐れんだ。頼朝は、前に義経を討った後にも女性は罰せず恩恵を施したことがあるから、その先例に習うとして、宮菊に美濃国遠山荘内の一村を与え、さらに、かつて木曾の分国であった信濃国の御家人らに対し、姫を大切にするよう諭し聞かせた。ここにも、政子の意向が影響していたであろう。

静御前

一一八六年（文治二）、義経の愛妾である白拍子《しらびょうし》の静《しずか》が、吉野の山中で捕らえられ、鎌倉に送られてきた。義経の居場所を尋問されても、静は知らないと言うばかりである。あきらめた頼朝は、静が義経の子をみごもっていたため、出産の後に釈放するとして、しばらし、静を鎌倉に留め置いた。

静は、母の磯《いその》禅師《ぜんじ》とともに、天下に聞こえた白拍子の名人であった。白拍子とは、傀《く》儡子《ぐつ》から分かれたといわれる芸能民で、白い水干《すいかん》に白い袴をはき、男装して舞うという両性具有的な魅力も手伝って、当時、大いに流行した。頼朝は、静に舞を見せるよう命じたが、静は、具合が悪いと言って渋り続けた。芸人ではあるが、義経妻のプライドが、敵地鎌倉で舞う気にさせなかったのである。しかし政子は、その芸を非常に見たがって、

「静は天下の名人。せっかく鎌倉にやってきたのに、もうすぐ京都へ帰ってしまうではありませんか。その芸を見ないなんて無念です。」

と、しきりにせっついたので、頼朝は静を召して、ほとんど強制的に舞を舞わせることになった。

ここでの政子は、静の胸の内を慮《おもんぱか》るところがない。御台所として本来あるべき理性が、天下に轟《とどろ》く芸能人《スター》見たさの好奇心に負けて、どこかへ飛んでしまっている。

鶴岡の回廊で、静は、

よしの山みねのしら雪ふみ分けていりにし人のあとぞ恋しき

しづやしづしづのをだまきくり返し昔を今になすよしもがな

の二曲を歌い、義経を思慕する思いを示した。その芸はすばらしく、人々は皆大いに感動した。政子も、おそらくこの段階では、その危険な内容には気づかず、ただひたすら感動していたのではないだろうか。その時、突然、横にいた頼朝が怒り出した。

「八幡宮で芸を奉納するなら、関東万歳を祝《ことほ》ぐべきなのに、反逆義経を慕い、別れの悲しみを歌うとは何事か。」

いかにも権力者らしい無理な注文である。それを、政子が諫めた。

「あなたが流人で伊豆にいらしたころ、私と恋人同士になったのを、北条殿は時節を恐れ私を押し込めました。それでも私はなお、あなたを愛し、誠実であろうと、暗夜に迷い豪雨を凌いで、あなたの許に行きました。また、石橋山の合戦の時は、独り、伊豆山に残り、あなたの安否もわからず、日夜、魂も消え入る思いでした。その時の憂いを思い出せば、今の静の心と同じです。静が、もし義経の多年の好みを忘れ、思慕しなかったなら、貞女とは言えない。すばらしい舞で、内面の心を表現するとは、幽玄というべきではないか。ここは、まげて、ご鑑賞なさい。」

ここにきて、静に同情した政子は、ようやく、弱者女性の庇護者たるべき、御台所としてのスタンスを取り戻している。『吾妻鏡』を見ると、こうした、過去の経験を引き合いにしてこんこんと人を諭すやり方は、政子が晩年に至るまで得意とした政治の技であるが、言葉はもっと朴訥《ぼくとつ》だったかもしれない。御台所の威厳ある説得に、さすがの頼朝も返す言葉がなく、怒りを鎮め、静に褒美を与えたのであった。

後日、静はもう一度、勝長寿院で舞った。今度は、大姫の希望によるものであった。病気の大姫のために、政子が頼みこんだものであろうか。

やがて、静は男児を出産した。女子ならば母のものとするが、男子ならば殺す、という頼朝の方針通り、この子は海に捨てられた。政子は愁い、頼朝をなだめようとしたが、今度は聞き入れられなかった。

のち、母磯禅師とともに帰京する静に、政子と大姫は悲しみながら、多くの宝物を与えた。

弱者の保護

宮菊や静の他にも、政子は多くの弱い立場の人間、特に親族の女性を保護している。先に見たように、義仲の子義高を保護しようとして、頼朝と喧嘩になったこともある。こうした行為は、頼朝の死後も続けられた。

父を探す身寄りのない舞女微妙《びみょう》が鎌倉に来た時には、同情して、わざわざ奥州に使者を派遣して父親を探させている。しかし父はすでに死去していることがわかり、微妙は出家した。この時、政子は同情して、鎌倉の深沢里辺に住居を与えている。出家の師として栄《えい》西《さい》を紹介したのも政子であろう。さらに、微妙は御家人古郡保忠《ふるごおりやすただ》と愛人関係にあったため、微妙の出家を知って古郡は怒り狂い、これを政子が叱っている。

頼朝の弟阿野全成《あのぜんじょう》と、政子の妹阿波局《あわのつぼね》は夫婦であったが、一二〇三年（建仁三）、全成は謀反の疑いをかけられて追放された。この時、頼家は阿波局を尋問したいと言ったが、政子は許さず、「そのような事は、女性が知るはずはない」と言って拒んでいる。

政子の官女である梶原景高妻は、「女性たりといえどもその仁たり」として、頼朝の時に尾張国野間・内海以下の所領を給与されていたが、一二〇〇年（正治二）に梶原氏が滅亡し、夫たちが殺戮《さつりく》された後は恐れて隠れ住んでいたのを、政子はすべての所領を安堵してやった。

政子の妹（稲毛重成妻）の娘が綾小路三位師季《あやのこうじさんみもろすえ》との間に生んだ姫（二歳）が、稲毛重成が滅ぼされた後、縁座を恐れて京都で隠れ住んでいたのを、政子は憐れんで鎌倉へ呼び寄せて自分の猶子とし、稲毛重成の遺領武蔵国小沢郷を安堵《あんど》してやっている。

こうした弱者の保護は、政子個人の性格に由来するものなのか、それとも御台所の役割とされたものか。縁もゆかりもない舞姫の世話までしていることからして、政子が世話好きだったのは事実であろうが、ここでは、これを御台所の役割として捉えたい。

後年、頼家が殺害された後に、政子はその遺児である娘（後の竹御所《たけのごしょ》）を、将軍実朝の御台所（後の西八条禅尼）の猶子とし、息子（後の公暁《くぎょう》）は実朝の猶子としている。これは、政子が、親族の女性を保護するのは御台所の役目であると考えていたことを示していよう。日常、政子は、親族の女性が結婚するさいに、大姫とともに装束を整えてやったり、親族で出産があれば産衣を送ったりしている。こうした役割が、戦乱や政争の中で寄《よ》る辺《べ》ない身となった女性や子供に限りない同情を寄せ、自分の羽の下に保護する行為につながっているのである。それは、親族中頂点に立った女性に求められた役割だったと考えられる。後に、尼将軍となった政子は、こうした精神を御家人らに対する主従制的支配に応用していったと思われる。

庇護者としての女院たち

この時代、トップの女性による親族の女性や弱者の保護は、政子だけに見られるものではなかった。

たとえば、当時、全国に二二〇ヵ所もの荘園を持ち、御所の掃除もろくにせず、女房や侍の勤務もいいかげんなまま気楽に暮らしていた八条院暲子《しょうし》（鳥羽上皇の皇女）は、猶子の以仁王《もちひとおう》が挙兵して敗死した後、その姫をかくまった。また、木曾義仲に焼け出されて行き場がなくなった後白河法皇を泊めてやり、平家との間を取り持ったりした。さらに、頼朝と接触を持ったかと思えば、一方で都落ちする平家の公達《きんだち》をかくまった。

このように、独身の皇女八条院は、源平の争乱で時代が大きく揺れ動く中、自分自身はどちらにくみするかを明確にせず、政争で弾き出された者をかくまい、保護した。そして、彼女のこの行為が、結果として朝廷を存続させたのである。

八条院の場合、政子よりはるかにスケールの大きな弱者たちの避難所であったが、敵味方を問わず弱き者をかくまい、保護する行為は共通していよう。

さかのぼって摂関期を見ても、東三条院詮子《せんし》は、兄弟の中で弟藤原道長をひいきして、兄道隆の一家を没落させてしまうが、道隆の娘定子《ていし》が死んだ後は、その遺児をひきとり養育している。

このような一族のトップの女性の役割は、平安時代から受け継がれていたと考えられる。政子の場合は、武家の御台所としてその役割を果たしたのであった。

後家として・母として

後家になる

一一九九年（建久十）、源頼朝が急死した。この急死には、京都の貴族たちも大いにショックを受けたようである。『吾妻鏡《あずまかがみ》』は、頼朝の死の前後の部分が欠落しているので詳細は不明だが、ほかの個所に、相模《さがみ》川の橋の改修工事に出向き、その帰途に馬から落ち、それがもとで重病になって死んだのだと書かれている。時に五十三歳であった。次の将軍には、長男の頼家が就任した。

政子はこのとき四十三歳で、当時の慣習に従い落飾して尼になった。『承久記《じょうきゅうき》』によれば、政子は、自分も死んでしまいたいと嘆き悲しんだが、残された子供たちが一度に二親を失うのは不憫である、として思い留まったという。その悲しみに追い討ちをかけるように、同年、次女乙姫も看病の甲斐なく病死してしまう。だが頼朝の後家としての政子には、悲しみに溺れるひまはなかった。

「後家」という言葉は、平安時代に作られた和製語で、家長が死んだ後に、その負債を肩代わりし、遺産を管理する遺族全体の意味で使われ始めた。それが、院政期ごろには、夫の財産を管理するのが残された妻の役割になり、「後家」とは夫亡き妻を指す言葉となった。

中世の後家は、夫亡き家の家長であり、家屋敷や所領などの財産をすべて管領《かんりよう》し、子供たちを監督し、譲与を行なう、強い存在であった。子供に対しては絶対的な母権をもって臨み、実質的にも精神的にも支配者であった。

この時代の女性は、一般に、財産権は失っていなかったものの、公的な、表向きの政治に直接関与することは難しかった。しかし、後家になると事情が変わった。武士たちの家では、女子が惣領となって親族を率いて幕府に奉公することは、法的には可能であってもあまり一般的ではなかったが、後家の場合はしばしば惣領の立場に立った。

後家とは、男・女というジェンダー（社会的に作られた性別）の壁を越境し、普段は男の領域とされた公の場に居ることが可能な存在であった。中世社会は、近世や近代に比べれば、ジェンダーの壁にいくつかの風穴があけられていて、あるいはそのことが社会を硬直させない要因の一つになっていたのかもしれない。

頼朝の死を境に、政子は幕府の政治に直接たずさわっていく。最初は、父北条時政が執権として力を持っていたが、やがて政子は父を失脚させ、弟の北条義時を相棒とし、大江《おおえの》広元《ひろもと》や三善善信《みよしぜんしん》ら頼朝以来の京下《きょうくだ》り官人をブレインとした。これについて、京都の天台座主《ざす》慈円は、『愚管抄《ぐかんしょう》』の中で次のように述べている。

実朝が母、頼朝が後家なれば左右《そう》なし。……されば、実朝が世にひしと成りて沙汰しけり（注―この部分は実朝が将軍になった時点の記事である）。時正（政）が娘の、実朝・頼家が母いき残りたるが世にて有るにや。義時と云ふ時正が子をば奏聞《そうもん》して、又フツと上《じょう》臈《ろう》になして、右京権大夫《うきょうのごんだいぶ》と云ふ官になして、このいもうと・せうとして関東をば行ないて有りけり。　（巻六）

このように慈円は、政子が幕府の政治を執るのは、頼朝の後家だから当然のことと考えている。一方、義時との関係については、「いもうと・せうとして」すなわち男女のきょうだいがペアになって政治を執るという弥生時代の卑弥呼をほうふつとさせるイメージで捉えている。

継続される仏事神事

頼朝が死んで尼御台所《あまみだいどころ》となった後も、御台所の時にこなしていた仏事神事と親族の保護という仕事は、あい変わらず続けられた。

政子は尼になったのだから、仏事を執り行なう姿に違和感はないが、興味深いのは、神事からも手を引いていないということである。

日本社会は明治維新に至るまで神仏習合《しんぶつしゅうごう》であったのだが、その一方で、平安王朝時代にケガレの観念が形成されると、しだいに、王権に関わる神社祭祀を死と関わりの深い仏事から遠ざけ、清浄を保とうとする意識が生まれていた。それゆえ、伊勢斎宮《さいぐう》や賀茂《かも》斎院《さいいん》は仏事に関わることができず、「罪深い」と言われた。天皇や皇后も、日々、潔斎《けっさい》を強いられる生活であったから、自己の極楽往生を祈る仏事をなし難かった。皇后たちは、后位を降りて女院《にょいん》となって、はじめて仏事や参詣に日々を過ごすことになった。そうなると今度は、王権をめぐる神事には関わらなくなった。

ところが、政子の場合を見ると、出家後も鶴岡臨時祭に頼家とともに参って神楽《かぐら》を見たり、一二一二年（建暦二）二月には、実朝とともに二所詣《にしょもうで》を行なっている。さらに、伊勢神宮にさえ、奉幣《ほうべい》を行なっている。このように、この時期の関東では、神事から出家者を遠ざけようという意識が見られず、京都の王権と違って、禁忌やケガレの意識が希薄だったといえよう。

政治家政子始動す

頼家についての『吾妻鏡』の記述は辛辣である。十八歳で将軍になったものの、御家人の間に人望はなく、鎌倉殿として主従関係を円滑に結んでいく器量において、父に及ぶべくもなかった。そのため政子は、訴訟を頼家が直接に裁決することをやめさせ、北条時政・義時・大江広元・三善善信・三浦義澄《よしずみ》・和田義盛《よしもり》・比企能員《ひきよしかず》ら一三人の宿老《しゅくろう》の合議によるものとした。

頼家は、日夜、蹴鞠《けまり》に熱中し、狩猟に出かけ、お気に入りの側近ばかりを優遇した。土地をめぐる裁判も、当事者が納得いくような形で処理することができなかった。また、比企氏の娘と結婚し、しだいに北条を遠ざけた。

『吾妻鏡』の伝えるところによれば、頼家は御家人安達景盛《あだちかげもり》の妾に横恋慕して、景盛を遠くに出張させてその留守に妾をかどわかした。やがて鎌倉に戻った安達景盛が、それを恨みに思っているという噂を聞くと、今度は景盛を討とうとした。武士たちが鎌倉に群集し、鎌倉中が大騒動となった。

収拾に乗り出した政子は、ここで自ら甘縄《あまなわ》にある安達の屋敷におもむいた。そして、その場から頼家を叱る。

「頼朝公がなくなってほどなく乙姫もまた世を去り、悲しみ嘆いているところに、この度は、そなたが戦闘を好む。これは乱世のもとになる。景盛は父上がことに可愛がっていた者。罪科のことがあったならば、私がすぐに取り調べ、成敗もしようが、何の取り調べもなく、討ってしまったならば、きっと後から後悔するだろう。それでも、追討するというならば、この私が真っ先に矢に当たろう。」

こうして頼家を止めた政子は、今度は安達に対し、

「昨日は、私の計らいで頼家を止めたが、私もすでに年をとっているので、今後、遺恨が残るのが心配だ。ここは、おまえが起請文《きしょうもん》を書き、頼家に対し二心なきことを示して欲しい。」

と言って、起請文を書かせ、頼家にこれを渡しながら、重ねて、

「昨日、景盛を討たんとしたことは、楚忽《そこつ》の至り、はなはだしい不正だ。今のおまえの有り様は、まったく天下の将軍にふさわしくない。政治に飽き、民の愁《うれ》いも知らず、女にうつつをぬかして、人のそしりも顧みない。また、おまえの側近も、賢哲《けんてつ》の者はなく、多くは邪佞《じゃねい》のやからだ。よいか、源氏は父の一族。北条は私の親族なのだぞ。ゆえに、亡き父は北条と親しみ、常に側近としていたのだ。ところが、おまえは、北条一族を優遇せぬ

ばかりか、実名で呼び捨てにしたりしているから、皆、恨みに思っているようだ。よいか、何事にも配慮を怠らなければ、たとえ末代であっても、世が乱れることはないのだぞ。」と諭した。すでに政子は、北条一族と頼家との間に立って苦慮し始めていた。頼家は、自分の乳母《めのと》の家であり婚家でもある比企氏とのつながりをしだいに深め、北条をうとんじつつあったのである。

それにしても、この事件を収拾した政子の腕前は見事である。何しろ、政子がさっさと安達の屋敷にたて籠もってしまったのだから、頼家は安達屋敷を攻めることはできない。そこで、政子は双方を納得させたうえで頼家をきつく叱った。このように、まず自分から渦中に乗り込み、理を通し、情に訴え、こんこんと説得し、「はっきりしろ」と迫る。これが、政子の一貫した危機管理の行動パターンである。単身敵地に乗り込むといった捨て身の行動は、頼朝や頼家などの男性政治家には、見られなかったものである。自分のカリスマ性を頼んだこの行動には、尼であることがふさわしかったと考えられる。

所領の安堵

頼朝の一周忌をようやく終えた一二〇〇年（正治二）三月の寒い日に、老御家人の岡崎義実が鳩《はと》の杖をついて政子の邸宅にやってきて言うことには、「私はもう年を取り、しかも病気がちで、余命いくばくもありません。そのうえ貧乏で、生涯、頼りにするものもない状態です。ごくわずかな恩賞の地は、亡き息子義忠冠者の夢の後を訪《おとな》わんがため、仏寺に施入しようと思うのですが、残りはごくわずかとなって、これでは子孫安堵がかないません。」

と、泣いて我が身を愁い訴えた。これを聞くと政子は大いに憐れんで、

「そなたは、石橋山の合戦のころ、大功のあった者だ。老後になっても、頼朝公が高く評価していた。早く一所を宛て給うよう、頼家に言ってきかせよう。」

と、すぐさま使いをやって、頼家に命令した。

所領の安堵は鎌倉殿たる将軍の最重要の職務である。それがこの時、老御家人にとっては、それをしてくれるのは、すでに政子だったのである。制度的には頼家が行なうのであるが、頼家は政子の命令には背けない。御家人との間に、土地を媒介とした主従関係を結ぶ人格を持った者は、すでに政子であった。

女武者坂額

一二〇一年（建仁元）、越後の城資盛《じょうすけもり》の一族が幕府に対し反乱を起こした。『吾妻鏡』によれば、戦闘の中でひときわ目を引いたのが、資盛の叔母の坂額御前《はんがくごぜん》の奮戦ぶりであった。弓矢を取っては百発百中の芸は父兄を越えるものがあり、人々はみな「奇特《きどく》」のことと舌を巻いた。童形のように髪を上げて結び、腹巻きを着し、

やぐらの上から弓を射た。その矢に当る者で死を免れる者はいなかったという。しかし、やがて信濃国住人藤沢四郎が後ろに回って、高所からようかがい坂額目がけて弓を射たところ、あやまたず命中し、坂額は左右の股を射られて転倒、生け捕りにされた。この叔母が捕らえられると、城氏は敗北した。

それから二四日の後、まだ傷の癒えていない坂額は頼家の前に引き出された。多くの御家人が一目見ようと集まってきたが、坂額は堂々としていた。その顔立ちは、非常に美しかった。

翌日、阿佐利与一義遠《あさりよいちよしとお》が頼家に、坂額をもらい受けたいと告げた。頼家は、

「無類の謀反人だぞ。もらい受けたいとは、何かたくらみがあるのか。」

と問うた。すると阿佐利は、

「たくらみなどありません。ただ、夫婦となって、強い男児を生みたいのです。」

と言う。頼家はあきれ、あざけった。

「この女は顔はいいが、心の武を思うと、とうてい愛する気になれない。義遠は普通の男と違うな。」

しかし義遠は坂額を賜わり、甲斐国に下向して行った。

武士は捕らえられると、御家人に預け置きの身となる。その場合、主人の計らいによって、客分として、子息として優遇される場合もあれば、郎従・下人扱いされる場合もあった。坂額のような女性の場合には、そこに性の支配が伴っていた。

鎌倉時代の記録で女武者が登場するのは、『吾妻鏡』のこの部分のみで、あとは『平家物語』に巴御前《ともえごぜん》が登場するばかりである。巴の場合は、ひたすらに強く美しく、最後はカラリと太刀を投げ捨て、どこへともなく去っていくというカッコ良すぎるヒロインであるが、坂額の記事では、男たちの珍種を見るような視線が描かれていて、リアリティがある。また、頼家によって当時の女性観の一端が語られていて興味深い。普通、女性は武芸をたしなむことはなかったが、ごくまれには、武芸の訓練を受け、才能を発揮したこのような女性がいたのかもしれない。

頼家の発病

頼家はあい変わらず蹴鞠《けまり》に凝っている。ある時、蹴鞠に出かけようとした頼家を政子が止めた。「宿老新田義重が死んで間もないのに、遊びに行くとは何事か」というのであった。これに対して頼家は「鞠と関係ない」と言って出かけようとしたが、とうとう政子に抑留されてしまった。またある時は、これまでにない鞠の名手を呼んだということで、政子が頼家の御所に見に行ったこともある。とにかく、『吾妻鏡』によれば頼家の鞠好きにはいろいろと苦労させられている。

こうした二代将軍の時代の中で、梶原景時、阿野全成《あのぜんじよう》（頼朝弟）といった有力者が陰謀の中で滅亡し、また排除されていった。事件が起こるたびに、政子も修羅場をくぐっていく。

一二〇三年（建仁三）夏、頼家は重い病気になり、危篤に陥った。『吾妻鏡』によると、この年、頼家は狩りに出かけ、伊東と富士山麓で洞窟を探検し、そこで大蛇を切り殺したり、家来が怪死するなどの事件があって、帰宅後も鶴岡の鳩が死ぬなどの怪現象が続き、ついに発病したのだという。当時は、こうしたことがまともに信じられていた社会であった。しかし、政子には、おろおろしている暇はない。若い頼家には、まだ後継者が決まっていなかった。

比企合戦

政子たちは、頼家の長男である一幡《いちまん》（六歳）に、関東二十八ヵ国の地頭職と総守護職を、頼家の弟の千幡《せんまん》（後の実朝《さねとも》。十二歳）に、関西三十八ヵ国の地頭職を譲ることに決定した。北条氏としては、比企《ひき》氏を母に持つ一幡に全権が移行することは避けたかったのであろう。

しかし、一幡の母（若狭局《わかさのつぼね》）の父比企能員《よしかず》は、こうした分割譲与に反対で、すべてを一幡に譲るべきだとした。多くの武士たちが、「いざ、叔父と甥（千幡と一幡）の間で不和出来《しゅったい》か！　関東の安否この時にあり！」とばかりに鎌倉に群集してきた。

比企能員は、病床の頼家に、娘の若狭局を通して、

「地頭職を分割しては国が乱れる基です。北条殿（時政）の一族が家督を奪おうとしています。北条殿を追討すべきです。」

と告げた。大いに驚いた頼家は病床に比企能員を呼び、談合の結果、北条を討つべし、と決まった。

ところが、これを政子が知ってしまった。伝えによれば、障子を隔てて二人の話を聞いていたというのである。こうして、北条対比企能員の合戦が始まっていく。

北条時政は、名越《なごえ》邸で薬師如来供養を修し、政子も同席した。そして、その場に比企能員を招待した。のこのこやって来た比企能員は、そこで暗殺された。間髪を入れず、その場に居た政子が義時に、軍兵を率いて比企を討つよう命令を発した。結果、比企一族は、鎌倉の比企ケ谷《ひきがやつ》にてほぼ全滅し、若狭局も一幡も運命をともにした。

頼家はまだ病床にいた。『愚管抄』によれば、乱を知らず、少しは回復していたのに、一幡が殺されたのを知って、よろけながら刀を持って立ち上がろうとしたところを、政子

に取り押さえられ、押し籠められたという。そして乱の後、

「病気のうえ、家門を治めて行くことは極めて難しいと判断した。」

という政子の通告によって出家を余儀なくされ、やがて伊豆修禅寺《しゅぜんじ》に幽閉された。

頼家の最期

冬になるころ、伊豆の頼家から政子と実朝に宛てた手紙が届いた。

「ここは深山幽谷です。今私は退屈でたまらない。日ごろから召し使う近習の者たちの参入を許して欲しい。また、安達景盛を罰したいので申し請けたい。」

この手紙を読んで、政子は何と思ったであろうか。

「そもそもお気に入りの近習《きんじゅう》とばかり行動することが、ほかの御家人の反感を買ったのだ。そのうえ、先に女性問題でトラブルを起こした安達のことをまだ根に持っている。しかも、政治的立場を異にする私に、このような要求をするなど、まるで駄々っ子ではないか。」

政子は、

「これらの願いは聞けない。今後、手紙を書くことも禁止する。」

と、三浦義村を使いとして言い渡した。さらに、頼家の近習の面々を遠流《おんる》にすることが会議で決定された。

しかし政子は、戻ってきた義村が修禅寺の閑居の様子を語ると、息子を思い悲嘆にくれた。

翌年、頼家は刺客によって暗殺された。二十三歳であった。刺客を放ったのは、『愚管抄』には義時であったように書かれている。政子はこの暗殺を知っていたのであろうか。委細は不明であるが、少なくとも頼家を失脚させたのは政子である。さすがに、暗殺を黙認したかどうかは判断が難しいが、結果的に頼家を死に追い込むことになったのは事実である。実の親子なればこそ、意見が対立すれば抜き差しならない状況に陥るし、それでいて子供の不幸は耐え難く辛いというジレンマに、政子はさいなまれた。

修禅寺を訪れると、政子が建立したという小堂が、湯の町の賑わいの後ろに、ひっそりと建っている。

頼家と泰時

以上に見てきた頼家の無能ぶりは、すべて『吾妻鏡』のものである。『吾妻鏡』は、幕府に残された種々の記録をもとに、後の北条氏が編纂したものであるから、北条氏に都合よく書かれた部分が非常に多い。したがって、どの程度が真実であるか、よく吟味する必要があるのだが、あまり史料がない。

頼家が鞠に熱中していたことに対して、北条泰時は、頼家の側近に対し、次のように語ったという。

「鞠は幽玄の芸であるから、熱心なのはよいとしても、去る八月に大風が吹き、鶴岡の門が倒れ、国土は飢饉《ききん》に苦しんでいる。このような時に、京都からわざわざ放遊の輩《ともがら》を呼んだりしている。しかるに、一昨日は、月星のごとき物が天から降ってきた。頼朝公も、百日の間、毎日、浜に出ることを決めておられたが、天変が起こった時は慎まれた。今、世の中で無事を祈る祈禱が始まっているという時に、鞠にうつつをぬかしているとは何事か。おぬしは昵懇《じっこん》の間柄、是非、諫《いさ》めて欲しい。」

また泰時は伊豆に下り、前年の不作がもとで農民らが種籾《たねもみ》も失い、数十人が連署状を書いて種籾を借りたものの、九月の大風で国中は大損害を受け、種籾も返せず餓死者が出る有り様で、逃亡しようと考えていることを聞き、数十人の民衆の前で証文を焼き、返済せずともよいとして、人々に飯や酒を振る舞ったという。

このように『吾妻鏡』では、頼家の濫行《らんぎょう》が語られる一方、一つ年下の従兄弟《いとこ》である泰時の、いかにも後に御成敗式目《ごせいばいしきもく》を編纂する彼らしい、模範的な振る舞いが書かれるしくみになっている。これまた少々、できすぎの感がある。頼家の無能ぶりは、差し引いて考えた方が無難であろう。

頼家と北条氏は、幕府政治についてのヴィジョンを異にしたのである。

牧の方の陰謀

次男の千幡（実朝）は、政子の妹阿波局を乳母とした。頼家と違って、北条氏丸抱えの秘蔵っ子だった。しかし、ここに一つの事件が発生した。

一二〇三年（建仁三）、頼家の次の将軍に千幡を立てる話になった時、千幡はいったん政子の邸宅より名越の北条時政邸に移った。ところが、数日後、阿波局が政子に告げて言うことには、

「若公を父上の館に置いておくのは危ないですよ。牧の方の様子を見ると、どうも害心を抱いているらしい。」

牧の方とは、時政の後妻で、政子には継母にあたる。政子は、かねて思慮の内のこととして即座に千幡を引き取った。その日、千幡は元服して実朝となり、将軍の座についた。

牧の方が実朝を害しようとしたのは、自分の娘婿の平賀朝雅《ひらがともまさ》を将軍にしたいという野望のためであった。この二年後の一二〇五年（元久二）、牧の方は、畠山重忠《はたけやましげただ》が平賀朝雅の悪口を言ったことを理由に、時政に畠山を討つよう働きかけた。時政はその気になって義時らに計るが、かえって諫められた。しかし、翌日、ついに大勢の武士たちに、謀反の者どもを討つようにとの招集がかけられ、畠山重忠父子を討ってしまった。鎌倉で合戦が行

なわれ、畠山一族はみな滅亡した。政子は、幼少の実朝に代わって、勲功の者たちに新恩所領を宛てがった。しかし、乱後、牧の方がさらに実朝を害しようとしていることが明らかにされ、政子は実朝を自分の所に迎え取り、義時の屋敷に、父時政と彼につき従った武士たちを呼んで、出家させた。翌日、時政は牧の方とともに伊豆北条へと下った。そして二度と鎌倉へは戻らず、九年後に伊豆で死去する。

次の執権には義時が就任した。冷静な義時であったが、その死後には、父同様、後妻の野望によって混乱の種を遺すことになる。

将軍実朝

実朝は頼家と違って、それほど政子と対立することはなく、だんだんに将軍らしくなっていった。しかし、あまり体が丈夫でなかったらしい。また、京都の文化に大いにあこがれ、和歌にかなりの才能を発揮した雅《みや》びな青年であった。結婚相手には、御家人の娘との縁談を断り、京都の女性を選び、坊門信清《ぼうもんのぶきよ》の娘（後の西八条禅尼）が鎌倉に下向してきた。

実朝の時代になってから、しだいに権力が北条氏に集中していき、畠山氏、宇都宮氏、そして和田氏と、有力御家人が滅ぼされていった。時代は、若い実朝がリーダーシップを発揮する余地なく動いていく。そうした中で実朝は、和歌と学問、さらに朝廷から高い官位を得ることに熱中していく。また、東大寺大仏改修に力のあった宋人の技師陳和卿《ちんなけい》を鎌倉に呼び、その怪しげな言説に惑わされ、自ら中国に渡ろうと陳和卿に船を作らせた。義時があわてて諫めたが、聞く耳を持たない。しかし、でき上がった船はついに水に浮かばず、由比ケ浜に朽ちていくばかりであったという。あるいは政子が、浮かばないよう、陳和卿に圧力をかけたのかもしれないが、委細は不明である。

幕政の変化

実朝が将軍になったころから、幕府政治に新しい動きが見え始める。

まず一二〇三年（建仁三）十一月、実朝将軍の代始めの善政として、民戸を休める目的で関東御分国と伊豆相模の百姓の当年の年貢を減らす、という処置が取られている。また、翌月には、政子の計らいで諸国地頭分狩猟を禁止している。

政子たちは、すでに戦乱期の武人政権を脱して文化人の将軍を擁しつつ、撫民《ぶみん》をモットーとする仁政を目指し始めていた。これは、頼朝というカリスマを失った幕府が、そのカリスマ性を受け継ぐ政子がいなくなるまでの間に、やっておかねばならぬ方向づけであったと思われる。

さらに、訴訟の審理の手続きなど、法制度の整備が少しずつ始まった。仁政と法、いずれも後の北条執権政治の支柱になるものである。

こうした政子たちの方向性には、当然、批判もあっただろう。

一二一三年（建暦三）、故畠山重忠の息子の阿闍梨重慶《あじゃりじゅうけい》が日光山の麓で、牢人を集めるなど、何やら不穏な動きがあった。すわ謀反かと、幕府は長沼宗政を日光へ派遣し、生け捕りにするように命令した。ところが、長沼宗政は、いきなり重慶の首を取って持って帰ってきたのである。実朝は嘆息し、

「生け捕りにせよと命じたはずである。事の真偽を確かめず、推量でもって殺してしまうなど、楚忽《そこつ》であり、罪業《ざいごう》の因たるぞ。」

と叱責した。すると、長沼宗政は、目を怒らせて次のように反論した。

「あの坊主が反逆を企てたのは間違いないのだ。生け捕りにせよとの命令は知っていたが、もし生け捕りにして帰ったら、女たちや比丘尼《びくに》たちの申し立てによって許されてしまうに決まっているから、殺してきたのだ。ああ、今後、わしは一体、誰に忠節を尽くしたらよいのだろう。今の将軍はだめだ。かつて頼朝公は、この宗政に恩賞をくれると強く言いなさったが、わしは固辞して、代わりに引目《ひきめ》（内部が空洞で、発射すると音の出る一種の矢尻）を下されば、海道十五ヵ国の民間の無礼を糺《ただ》しましょうと申し上げた。頼朝公は武芸を重んじられたから、わしに引目を下さった。それは今に至るまで、わしの家宝となっ

ている。ところがどうしたことか、当代将軍は、歌と鞠が仕事でいらっしゃる。武芸は廃れ、女を主人とする有り様だ。勇士はいないに等しい。また没収の地も、勲功の者に分け与えるのではなく、多く、女房たちに賜っている。榛谷重朝《はりがやしげとも》の遺跡の地は五条局《ごじょうのつぼね》に、中山重政の遺跡の地は下総局《しもうさのつぼね》に……。」

ここで、長沼宗政が盛んに「女性」「比丘尼」を攻撃しているのは、暗に政子を批判していると思われる。確かに、政子は自分の女房たちに、よく所領を給与している。政子はしだいに頼朝の時代とは違う道を歩き始めていた。しかしそれは、古い好戦的な御家人には支持されない。政子は一方で、あくまで頼朝の後家としてのカリスマ性も持っていなければならないので、なかなか立場が難しかったであろう。

なお、長沼宗政は、これだけの雑言を吐きながら、数日後、人を介して詫びを入れ、許されている。これは、軟弱な比丘尼や将軍のお蔭ではないのだろうか……？

女性の口入に足らず

さきに述べたように、中世には、女性は後家になると公的な場面で活動することが社会的に容認された。しかし、長沼宗政の「女が主人で勇士はいない」という発言に見られるようなマッチョな女性嫌悪《ウーマンヘイティング》が存在していたことも、また一面の事実であった。それは、後の時代に比べれば小さな声ではあったが。

こうした声には、政子も無関心ではいられなかったであろう。一二〇九年（承元三）、和田義盛が上総国の国司になりたいと申し出たので、実朝が政子に相談したところ、政子は、

「侍受領《さむらいずりょう》は、故頼朝公の時に禁止したこと。聴いてやることはできない。このようなことは、女性の口入《くにゅう》に足らない。」

と、つっぱねた。自分で意見を述べてから、「女性の口入に足らない」などと言っても意味がないのだが、ここは実朝に「自分で判断しなさい」と言いたかったのであろう。あるいは、また「女が主人で勇士はいない」などと言われることに対して、予防線を張ったのかもしれない。

また、これより前の一二〇三年（建仁三）、阿野全成が滅ぼされ、頼家が全成の妻阿波局を喚問したいと言った時に、政子は、

「そんなことはいけない。女性に知らせるはずがないだろう。」

と言って拒絶し、阿波局を守っている。

日本史上名高い女性政治家の北条政子の口から、このような発言が出るのは、はなはだ奇妙に感じられるが、政子も、その活動が周囲との摩擦を生んだ時には、このようなイデ

オロギーを利用したものと見える。

本書一九頁でも登場した女性（渋谷重員の妻）は、所領を経営していて、六波羅の使者が来ると「女性の習い、いっさい政務には関わっておりません」と言いながら召喚状を破り、使者を打ち刃傷《にんじょう》に及び、使者の左右の手の指を折ったという（「入来院文書」『鎌倉遺文』二三〇七六号）。実際に社会的に活動している人物ほど、時に、こうしたイデオロギーを利用してとぼける必要があったのだろうか。だが、このような発言を繰り返していると、結局はこうしたイデオロギーに迎合し、助長し、ひいては女性全体の首をしめることにならないのだろうか……と、現代の私は思わず中世の心配をしてしまう。

政子は、実際には、実朝の代になって北条氏の比重が増す中で、ますます重要な存在となっていた。たとえば一二〇五年（元久二）に、宇都宮頼綱が反乱を起こした時には、政子の邸宅で、義時、大江広元ら重臣が集まって評議が行なわれている。

実朝暗殺　実朝の官位昇進はとどまるところを知らず、かえって不吉な「官打ち」ではないか、との声も上がった。朝廷が実朝を分不相応な高い官位につかせることで、呪いをかけているのではないか、というのである。しかし、実朝は聞かず、昇進を続けた。

一二一九年（建保七）一月二十七日、実朝は右大臣拝賀のため、行列を組んで鶴岡八幡宮に詣でた。その時、物陰から現われた頼家の遺児公暁《くぎょう》によって、「父のかたき」と言われて殺害された。二十八歳であった。公暁は、政子が鎌倉に呼び、鶴岡の別当《べっとう》になっていた。何者かがあらぬ事を吹き込み、公暁をそそのかし、叔父殺しをさせたのである。事件の後、公暁は三浦の屋敷に逃げ込んだが、そこで殺された。時に十九歳。真犯人は、長らく北条義時と目されてきたが、作家永井路子氏によって三浦氏説が立てられ、有力視されている。

こうして、頼朝と政子の子供たちはすべて世を去った。二人の血を引く者は、ただ一人、頼家の娘（竹御所《たけのごしょ》）だけが残されていた。

尼将軍の時代

二位殿の御時

京都との折衝

政子は、生涯に三回、京都に行った。一回目は一一九五年（建久六）、頼朝とともに、子供たちを連れての上洛であった。この時は、頼朝が東大寺大仏の完成式に臨席することが表向きの目的だったが、政子の役目は、大姫入内《おおひめじゅだい》の話をまとめるため、丹後局《たんごのつぼね》と会見することであった。しかし、ほどなく娘たちは病死し、入内は実現せずに終わった。

二回目は実朝《さねとも》が将軍だった一二〇八年（承元二）、熊野詣がしたいという宿願を果たすため、弟の北条時房を供に約二ヵ月間の旅をした。この時は特に政治的な行動をした記録はない。

三回目は同じく実朝が将軍の一二一八年（建保六）、やはり時房を伴って、熊野詣をすると言って上洛した。この時は別に仕事があり、まずは前に猶子にした綾小路《あやのこうじ》師季《もろすえ》娘を土御門《つちみかど》通行《みちゆき》と結婚させることであった。さらに、熊野詣を無事に済ませて、京都に滞在する政子の許に、当時の京都政界の実力者で卿二位《きょうのにい》と呼ばれる女性が訪れ、密かに会見を持った。この会見は、『吾妻鏡《あずまかがみ》』には見えておらず、『愚管抄《ぐかんしょう》』の伝えるところであるが、卿二位の方からしきりに政子に取り入っている。

卿二位という人物は、本名を藤原兼子と言い、後鳥羽の女房となり、院政が開始されると、申次《もうしつぎ》の女房として権力を振るった。四十五歳になって、やはり後鳥羽の寵臣である藤原宗頼を見込んで結婚したが、宗頼が死ぬと、今度はすでに妻のある藤原頼実を見込んで、離婚させて夫婦となり、二人で後鳥羽の後見をした。かつての後白河院政における丹後局が、院の寵妃という立場だったのに対して、卿二位は貴族の中から慎重に夫を選び、共稼ぎで、自分の立場をより有利に展開させたのが新しい生き方であった。

会談の内容は、次期将軍の人選にあった。実朝はこの時、二十七歳。十代半ばで結婚してから一四年が経っていたが、子供が生まれず、政子をはじめ、周囲は気にしていたらしい。そのような政子に、卿二位が急接近してきた。当時の京都でささやかれた噂によれば、卿二位の養女が後鳥羽の皇子（頼仁《よりひと》）を生んでいたが、天皇位は狙えず、僧侶にされるところだったのを何とか元服させて親王にしたものの、身の振り方がいまだ定まらず、もてあまし気味で、それでは将軍にでもしようと考えたのだという。政子も、実朝に子ができなければ、天皇の子を将軍に、と考えたと思われる。

卿二位が画策したのであろう。京都滞在中に、朝廷は政子を従三位《じゆさんみ》に叙した。出家者の叙位は異例のことであったので、朝廷の会議も難航したらしい。

一方、後鳥羽上皇からは、政子にじきじきに対面したい、との申し入れがあったが、政子はこれを断り、

辺鄙《へんぴ》の老尼、龍顔《りようがん》に咫尺《しせき》するもその益なし。しかるべからず。（『吾妻鏡』）

と言って、諸寺参詣をなげうって鎌倉に帰ってしまった。このあたりの政治的なかけ引きについては微妙な呼吸があるのだろう。委細は不明であるが、卿二位のペースで事が運ぶのを避けたと思われる。この時、政子六十二歳。すでに、天下の後鳥羽上皇を相手に、このようなセリフが言えるようになっていた。

鎌倉に帰って半年、京都から政子を従二位に叙すという知らせが届いた。二位とは、頼朝・頼家・実朝と同様の位階である。つまり、鎌倉将軍が代々任じられてきた位であり、

朝廷は政子を将軍同様の存在として認めたことになる。これ以後、政子は、二位殿、二位家などと呼ばれるようになる。

なお、慈円は、この東西の女性政治家二人の会見を見て、次のように述べている。

女人入眼《じゆがん》の日本国、いよいよまことなりけりと云ふべきにや。（『愚管抄』）

藤原頼経の下向

実朝の死の翌月、阿野時元が駿河国で反乱を起こしたが、その時は政子の命令で、義時が御家人らを率いてこれを討滅した。すでに、幕府の大権は政子の手に握られていたのである。

家族をすべて亡くした悲しみに浸っている暇もなく、政子たちは京都に使いを出し、後鳥羽上皇の皇子の六条宮（雅成《まさなり》）か冷泉宮《れいぜいのみや》（頼仁《よりひと》）のどちらかを将軍として招来したい、との意向を伝えた。しかし、後鳥羽は、

いかに、将来にこの日本国二つに分ける事をば、し置かんぞ。こはいかに。

（『愚管抄』巻六）

と言って聞かず、「人臣ならば、関白摂政の子でもいい」と直々に返答してきた。

やむなく幕府は、次期将軍に、九条道家の子で二歳になる三寅《みとら》（後の藤原頼経《よりつね》。以下、頼経と呼ぶ）を迎えることにしたのである。この子は、実は、頼朝の妹を曾祖母に持つ。

つまり、曾祖母の父は源義朝なのである。京都の貴族たちの間では、「三寅は京都を出てから鎌倉に着くまで少しも泣かなかったそうじゃ、不思議なことよ」と噂された。頼経はまだ幼いため、政子が「理非を簾中《れんちゅう》に聴断」することになった。こうして二位尼政子は、名実ともに鎌倉幕府の主となった。

四代将軍は誰か

ところで、現在、学校の教科書や日本史辞典などで、鎌倉幕府の将軍は、1頼朝・2頼家・3実朝・4頼経となっている。しかし、『吾妻鏡』『鎌倉年代記』『武家年代記』『鎌倉大日記』など、鎌倉時代から南北朝期にかけて編纂された記録類を見ると、そのようには書かれてない。

まず、『吾妻鏡』の巻首を見ると、次のようにある。

関東将軍次第

頼朝 治廿年 五十三才 自二治承四一至二于正治元一正十三日薨

頼家 治五年 廿三才 自二正治元年一至二建仁三年一

実朝 治十七年 廿八才 自二建仁三年一至二承久元年一

已上三代将軍合四十ケ年

平政子 治八年 六十九才 自二承久元年一至二嘉禄元年一

頼経 治十八年 卅九才　自安貞元年 至寛元二年　　頼嗣 治九年 十八才　自寛元三年 至建長四年

宗尊親王 治十五年 卅三才　自建長四年 至文永三年　　惟康親王 治廿四年 廿六才　自文永三年 至正応二年

久明親王 治廿年 廿四才　自正応二年 至延慶元年　　守邦親王 治廿五年 卅二才　自延慶二年 至元弘三年

已上自治承四庚子至元弘三癸酉百五十四年

ここでは、鎌倉幕府歴代将軍の中に、政子もその名を連ねている。そして、その在任期間は、一二一九年（承久元）から一二二五年（嘉禄元）、すなわち実朝の死から政子自身の死までの期間（八年とあるが実際は七年）とされているのである。

また、『鎌倉年代記』『武家年代記』『鎌倉大日記』などはいずれも「将軍」の項に、頼朝・頼家・実朝を並べて、次に「二位家」を入れて、その次が頼経となっている。たとえば『武家年代記』の「将軍」の項には、次のような記載があるのである。

従二位政子
時政女
二位家 于時六十三

治七年、自承久元至嘉禎元
建保六四十四叙従三位
同十一十三叙従二位
嘉録元七十一薨六十九法名如実

ここでも政子の将軍在任期間は、実朝の死から自身の死までとなっている。

これらの史料からして、鎌倉時代の人々の感覚では、鎌倉幕府歴代将軍は、1頼朝・2頼家・3実朝・4政子・5頼経……と数えられるものだったようである。もちろん、政子は征夷大将軍に任命されてはいないが、実質的に四代将軍は、政子であったといえる。

二位殿御時　政子の死後、北条泰時によって出された成文法「御成敗式目」には、次のような一条がある。

一、右大将家（頼朝）以後、代々将軍幷に二位殿（政子）御時、充給《あてたま》はる所の所領等、本主の訴訟によって、改補《かいぶ》せらるるや否やの事。……（第七条）

ここでは、頼朝以来代々の将軍と政子の時に給与された所領は、たとえ元の持ち主であろうと、自分の本領であると主張して取り戻そうとして訴訟に及んではいけない、と定められている。この取り決めのおかげで、実際の訴訟文書の中で「二位家の御下知《げち》」が引用されるようになり、われわれはそれを見ることができる。

実際の訴訟で、右の条文が引用された例を一つ挙げてみよう。

御家人　橘　公業《たちばなのきみなり》が頼朝から給わった地頭職をめぐり、息子と娘婿との間で争いが起こった。一二三九年（延応元）の幕府の裁判の経緯と判決を記した裁許状によれば、はじめ、この所領は娘の薬上《くすのうえ》が相続していたのだが、早く死んでしまったため、公業はこれを悔《くい》返《かえ》して（いったん子に譲った所領を取り戻して）、息子に譲り直した。しかし娘婿は、自分たち夫婦の子供たちの相続権を主張して争った。幕府法では、親の悔返し権はいかなる場合でも有効なので、この場合、婿に勝ち目はない。しかし婿は、公業の薬上への譲与は二位殿に言上して「相違あるべからず」との御返事をいただいたもので、「二位殿御時に定め置かるる事」にあたるから、悔返すことはできない、と主張した。結局、幕府の判決では、式目にある「代々将軍・二位殿御成敗事」は親子関係には適用されない、というもので、ここでは婿側の敗訴となったのだが、「二位殿御時」はこのように人々に意識されていたのである（「小鹿島《おがしま》文書」『鎌倉遺文』五四九六号）。

このような文書《もんじょ》を集めてみると、「二位家の御下知」とは、実朝の死から政子自身の死までの期間の鎌倉幕府の命令や発行文書を指していることがわかる。つまり、御家人をは

橘公業
├(息子)公員
└(娘)薬上(死去)
　　‖――子供たち
　(婿)頼定

じめとする当時の人々は、この時期の鎌倉幕府の命令を、尼将軍北条政子の命令として認識していたのである。さきに見た『鎌倉年代記』『武家年代記』『吾妻鏡』等の記述は、同時代の人々の認識そのものであったことがわかる。

仮名の御文

政子は、御家人に仮名の書状を書いて与えることもあったようで、それは、将軍の下文《くだしぶみ》・下《げ》知状《ちじよう》と同様の効力を持つものとして扱われた。たとえば『小早川家文書』に見られる地頭職をめぐる相論では、実朝の下文と並んで、政子の「和字御文《わじのおんふみ》」が証拠として挙げられている。裁許状に引用されているそれを、漢字仮名交じり文にすると、次のようになろう。

故土肥《どい》が子共孫共《こどもまごども》に譲りてあるらむ所とも、そのままにこそは面々に沙汰し候はめ、何事にかとかくの義は候べき、如何《いか》にも如何にも土肥が沙汰し置きたらむままを沙汰すべきの由、おのおのにも仰せらるべし、と仰せ事候　（『鎌倉遺文』九五二一号）

平安時代に発明された仮名は、「女文字」と呼ばれ、女性たちは仮名を用いて文筆活動をするのが普通とされた。もっとも、鎌倉時代の地方武士などでは、男でも漢字が書けずに仮名で譲状《ゆずりじょう》を書くこともあった。一方、地方の女性でも、譲状等に用いられる漢字くらいは知っている場合が多かったようである。政子ほどの地位の女性であれば、漢字の読み書きができないはずはないが、右のように、メモのような仮名の書状を御家人に与えているのが興味深い。しかも、それが公式な「二位殿御時」の文書として、後々まで効力を有しているのである。

この意味を、二つの側面から考えてみたい。まず一つは、「二位殿御時」の幕府権力のあり方である。北条氏は、しだいに法制度の整備をめざしてはいたが、なお、政子のカリスマ的支配がものを言う時代であり、正式な文書様式でなく、その声が直接伝わる仮名の文《ふみ》が与えられ、それが効力を有したのであろう。

二つ目に、古代以来の政治機構における、女性の文書の伝統について考えてみたい。古代には、天皇の側近の女性である内侍《ないし》が、天皇の言葉を口頭で伝える役目をした。八、九世紀になると、内侍が蔵人《くろうど》に天皇の言葉を告げる内侍宣《ないしせん》という文書が生まれた。これはもちろん漢字で書かれていた。やがて内侍宣は衰退するが、中世になって、卿二位などの女房が力を持つようになると、女房が上皇・天皇の言葉をしたためて伝達する、女房奉書《ほうしょ》という新たな文書様式が生まれてきた。女房奉書は、仮名でサラサラと書いた手控えのよう

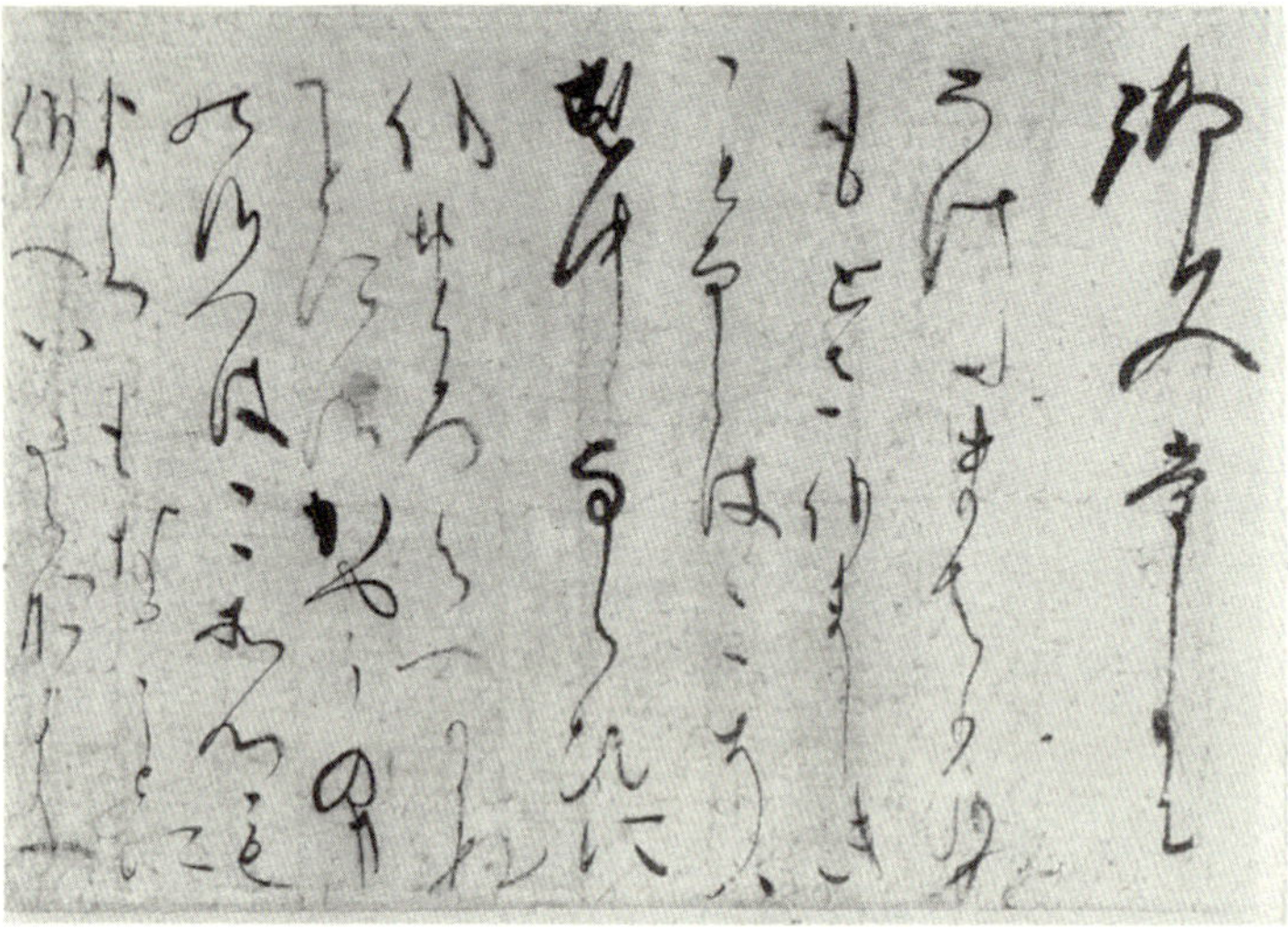

伝北条政子書状（神護寺蔵）

北条政子の手紙と伝えられる文書。親が子に先立たれるという不幸は、無常なこの世の常であり、仏道修行の契機にもなるけれど、やはり母の嘆きは癒えることがない、とする。

御文たしかに
うけたまはり候ぬ。
もとさ候まじき
ことならばこそハ
世中ならひに
候。おどろくべからぬ
ことに候。かやうの事
の候へばこそ心も
よくもなることに
候へ。いたくおもふ

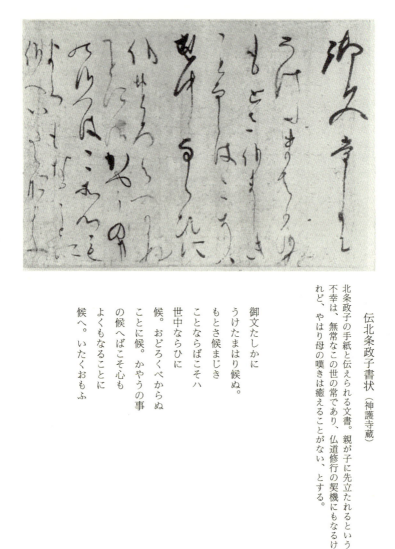

91　二位殿の御時

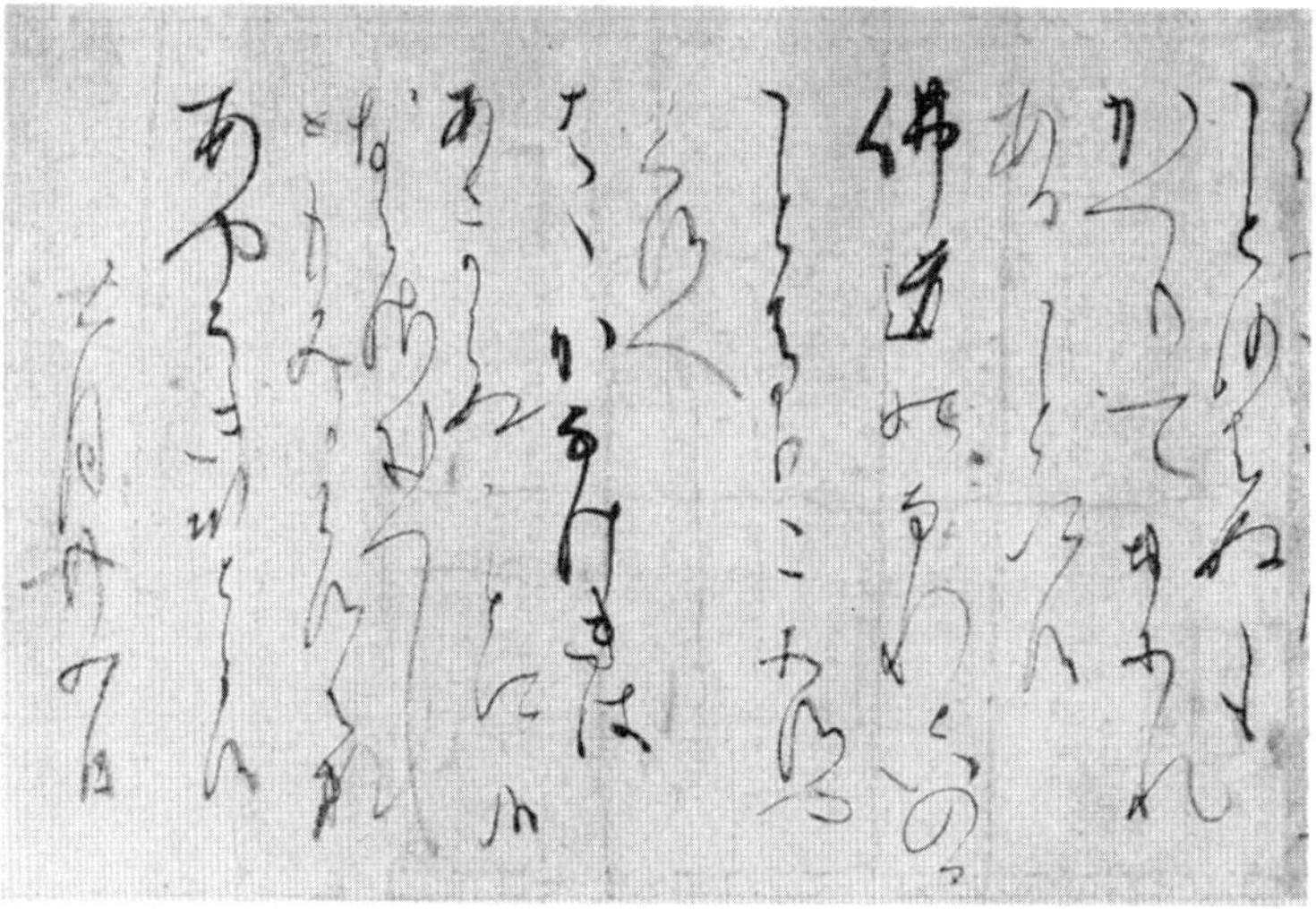

こと候はぬも
かへりておそれ
あることに候。
仏道のなれといのる
ことばかりこそ候べ
く候へ。
はゝがなげきは
あさからぬことに候。
なぐさむべし
ともみえ候はね、
あやうきほとに候。
七月廿九日

なものであるが、しだいに公的な地位を獲得していく。

内侍宣も女房奉書も、女性による王の言葉の最初の文字化であり、もともとメモのようなものが、公的な意味合いを持つに至ったものである。仮名という、もともと非公式な場面に用いらるべき文字が女性のものとされた文字文化が、政治機構の中で重要な意味を持っていたのである。

取次の女房でない政子も、女性の文字文化の伝統を受け継いでいた。仮名でサラサラと地頭職の帰属をしたためて、御家人に渡したのは、女性の主君ならではの行為であり、それは本来、下文・下知状とは違うはずなのに、同様の効力を持ったのである。

いや、政子の字に「サラサラ」などという表現はふさわしくないだろう。「水くきのあと麗しき」などとは言えそうもない、のびやかな、弾んで踊る文字だと思う。

室町時代に、一条兼良《かねら》が日野富子《ひのとみこ》の求めに応じて、足利義尚《よしひさ》に政治の心得を説くために著した『樵談治要《しょうだんちよう》』によると、政子は政治をするにあたり、『貞観政要《じょうがんせいよう》』を仮名に訳させ、座右に置いて参考にしたというが、本当かどうかわからない。

政子は鎌倉殿でないのか？

竹内理三編『鎌倉遺文』という史料集が刊行されている。これは、鎌倉時代の古文書を全て網羅的に集めて編年順にならべるというコンセプトで編纂されたもので、未収録のものもたくさんあるが、三万五〇〇〇通を超える膨大な古文書が活字になって収められている。いま、この史料集で「二位殿の御時」の期間の幕府発給文書である下知状をながめていく。すると他の時期とは異なる、ある特徴に気づく。

それは、下知状の書留《かきと》めの文言《もんごん》にある。下知状とは、将軍の命令を執権がうけたまわって書き、署判《しょはん》（花押《かおう》）をして発行する形式の文書であり、通常、書留めの文言は「鎌倉殿の仰せによって下知《げち》くだんの如し」とする場合が多い。ただし、この部分は、その時々の幕府権力のあり方によって少しずつ違ってくる。その、政子の執政期における特徴は、「仰せによって下知くだんの如し」とだけ書かれていて、「鎌倉殿の」がないことである。

具体例を挙げよう。次の文書は、政子の時代に、幕府が御家人に地頭職を給与した下知状である。

早く左衛門尉源光行を美濃国方懸郡内貞清郷ならびに同重次郷地頭職たらしむべき事

右人、今年十月の比《ころ》、山賊を追捕《ついぶ》するの賞によって、かの両郷地頭職に補任するところなり、先例に任せて沙汰致すべきの状、仰せによって下知くだんの如し、

承久二年十一月十七日

陸奥守平《むつのかみたいら》（花押）

（原漢文「土岐文書」『鎌倉遺文』二六七一号）

これは、将軍である政子の命令を、執権の義時がうけたまわって出した文書のはずだが、「鎌倉殿の」が故意に書かれていないのである。政子は、鎌倉殿ではないのだろうか？しかし、さきに見てきた多くの史料では、この時期は「二位殿の御時」であり、名実ともに政子が将軍の役を担っていた。これは、どのように解釈したらよいのであろうか。

ここでもう一度、政子の立場を考えてみたい。政子の執政は、もともと頼朝の後家で二代・三代将軍の母というところから出発していた。そして、頼経下向の後は、若君御幼稚の間、簾中に理非を聴断するという形で政治を執った。

政子は実質的には将軍だったが、朝廷から征夷大将軍に任命されてはいない。律令の官職のほとんどは女性は任官できず、令外の征夷大将軍もその例外ではなかった。であるから、政子の場合は、当時の社会習慣に従って、頼朝の後家という私的な立場を拠りどころ

に武人政権の主人に収まっていたが、全国政権としての幕府発行文書に「鎌倉殿の仰せ……」と書くのは、はばかられたのではないだろうか。しかし、この時点で政子は二位であるから、位階から言えば十分にその資格はあるはずなのだが。

北条政子は、鎌倉幕府という権門の中では、確かに四代将軍であった。しかし、幕府だけでない当時の中世国家全体の中で、「鎌倉殿」＝将軍を名乗ることはできなかったのだと言えよう。

頼経の役割

それでは、二歳で鎌倉に来た幼い頼経（当時は三寅）は、幕府の中でどのような役割を果たしていたのだろうか。

一二二〇年（承久二）、頼経は三歳で、通過儀礼である着袴《ちゃっこ》（はかまぎ）を、政子の介添えにより、執り行なった。

一二二二年（承久四）正月には、五歳になった頼経の前で、はじめて椀飯《おうばん》の儀が行なわれた。椀飯とは、もともとお椀に盛ったごはんの意味であるが、幕府では毎年正月、御家人が将軍に食事を献上することで主従関係を緊密化する儀礼として恒例化されていた。元旦に始まり八日ごろまで毎日、御家人がその力関係により、順番に椀飯を供した。

正月椀飯については、『吾妻鏡』の記録が必ずしも毎年あるわけではないので不明な年も多いが、少なくとも実朝の死後は途絶えていたらしい。それが、頼経が五歳という年齢に達したのをきっかけに復活したのである。その正月七日には、頼経の御弓始が行なわれている。こうしてこの年には、犬追物《いぬおうもの》、手鞠会（その余興で競馬《くらべうま》と相撲）といった御家人たちの集まりが、頼経のもとで賑やかに行なわれている。その陰で政子は、承久の乱の後始末に追われつつ、自らの終《つい》の棲《す》み家《か》となる持仏堂の建立を進めていた。

一二二四年（貞応三）、七歳になった頼経は、正月にはじめて二所精進をして、三浦義村を奉幣の使いとして派遣した。二所奉幣は、鎌倉幕府の将軍権力を象徴する行事である。その間に、頼経の御所で御家人らの酒宴も行なわれている。幕府では、政子も義時も大江広元も、もう晩年にさしかかっており、頼経を早く大人の将軍にしようと焦っているように見える。

その四月には、京都の実父九条道家から、硯《すずり》、手本などが届けられ、頼経の手習い始《はじめ》の儀が行なわれた。その儀式そのものは男性ばかりで行なわれていて、政子は参加していないが、数日後に行なわれた実際の手習いは、政子が女房たちとともに指導に当たっている。七歳で手習いを始めるのは、当時の世間一般の習わしであり、頼経もこれに従っている。

以上に見てきたように、将軍が行なう武家儀礼については政子は関与せず、頼経の成長を待ちながら、頼経に行なわせている。つまり、こうした儀礼的側面については、将軍は頼経なのであった。

「二位殿の御時」と言われたこの時期、将軍権力は、政子と頼経によって二分されていたといえる。所領を媒介とした主従制的な支配権は政子に、儀礼的・象徴的な権力は頼経に。

政子が武家儀礼に関与しなかったのは、人格がものを言う実際の政治とは異なり、故実の世界は、ジェンダーの壁が厚かったからだろう。

そして、何よりも頼経は、幕府が朝廷や摂関家と約束した次期将軍なのであった。

承久の乱

実朝が死んだ直後、京都から使いがきた。使者は、まず政子の邸に来て後鳥羽上皇からのお悔やみの気持ちを伝えると、次に義時に会い、思いがけない要求を口にした。摂津国の長柄《ながえ》・倉橋両荘の地頭を解任せよ、というのである。この二荘は上皇の寵妃伊賀局《いがのつぼね》の所領だから、というのがその理由であった。伊賀局は、もと白拍子で亀菊《かめぎく》といい、その魅力をもって上皇の寵愛を一身に集めていたのである。

亀菊の荘園

この時期、幕府は皇子を将軍に招こうと交渉中であり、上皇からの要求は断りにくい立場だったが、さすがにこれは聴くことができない。頼朝が勲功の恩賞として御家人に宛て給わった地頭職を、何の落ち度もなく、解任するなどできようはずがない。政子の邸に宿老を呼んで話し合いがもたれ、上皇の使者には、ひとまず「追ってお答えします」とだけ返答をした。そして、時房が政子の使いとして一〇〇〇騎を率いて京都に上り、その件は断り、将軍下向の交渉をしたのであった。その結果、皇族将軍の望みはかなわず、摂家将軍の下向となったのである。

上皇は、幕府が地頭解任要求を断ったことを口実として、倒幕計画を着々と進めていくのである。

政子の夢

それから二年後の一二二一年（承久三）、実朝の三回忌を済ませた春に、政子は意味深長な夢を見た。三メートルもあろうかという鏡が、由比の浦波に浮いている。その中から声がして、

「吾は大神宮なり。天下を見るに、世は大いに乱れて、兵を徴することになるであろう。太平を望むなら、吾を崇めよ。」

と言うのであった。政子は、ことに信心を起こして、伊勢大神宮祠官外孫の波多野朝定を使者として伊勢大神宮に派遣した。これは『吾妻鏡』の伝える話であるが、伊勢神宮の形代である鏡が、由比ケ浜に出現したというのは、王権が鎌倉に移るという意味であろうか。

政子が実際にこのような夢を見たのかどうかは、本人にしかわからないことである。ど

うもこの話には、朝廷の精神的な拠りどころである伊勢神宮を、幕府の味方につけておこうとする意図が感じられる。しかしながら、世上、きな臭い匂いが漂い、風雲急を告げる情勢があって、それを感知した予知夢を見るのは、有り得ないことではないかもしれない。いずれにしても、承久の乱の直前に、政子がこのような夢を見たと記されていること自体、政子のカリスマ性を示すものであろう。さらに、かつて頼朝が、平治の乱後、伊豆に流される時に伊勢大神宮の夢を見て、挙兵にさいしても伊勢に献上品と願文《がんもん》を送ったことを、想起させようという政子の意図も感じられる。

中世社会では、夢は、神仏や他の人間・生物の魂からのメッセージと考えられていた。たとえば当時一流の歌人九条良経（頼経の父方祖父）は、しばしば早世した兄良通の夢を見て、歌や詩の交換をしたと記している。彼岸《ひがん》と此岸《しがん》に分かれた兄弟間に魂の交通があると考えられたのである。また、人々は寺社に泊まってそこで見た夢を神仏の御告げとして、行動の指針とした。こうした時代に、政子もたまに、夢を政治の具とすることもあったのだろう。

『吾妻鏡』には、政子の夢の話がもう一つ見えている。それは、頼朝の死の翌年、義朝の夢を見て、その沼浜の旧宅を壊して鎌倉に運び、亀谷寺に寄進したというものである。

頼朝の後継者としての自己を世間に印象づける、政治的な夢と思われる。

大演説

四月になると、情勢はいよいよ緊迫してきた。順徳天皇が突然、位を懐成《かねなり》親王（のち九条廃帝）に譲位したというニュースが、八日たってもたらされる。事前に鎌倉へは何の連絡もなかった。五月には、西園寺公経《さいおんじきんつね》（頼経の母方祖父）が勅勘《ちょっかん》をこうむること（天皇の勘気をこうむって勘当されること）になりそうだ、という情報が飛脚によって届く。十五日には、とうとう、北条義時追討の宣旨が全国に下されたという知らせが鎌倉に届いた。幕府は、関東に向けた宣旨がこの日に到着すると聞いて探したところ、京都からの使者で、院侍藤原秀康の所従押松丸《おしまつまる》というものが、追討の宣旨と関東武士の交名《きょうみょう》注進状を所持してきたのをみつけて捕らえ、政子の邸でこれを開けた。

そこへ三浦義村がやってきて、京都にいる弟胤義《たねよし》から届いた「北条義時を討って恩賞をもらおう」と誘う書状を差し出した。関東御家人であっても、京都や西日本では、朝廷側につく者が多く出ている。もはや猶予はならなかった。

陰陽師《おんみょうじ》は皆、関東太平と占った。北条時房、泰時をはじめ多くの御家人たちが、政子の邸に群集してきた。さすがの武士たちも、朝廷相手の戦さに動揺は隠せない。政子は、武士たちを簾の下に呼び集め語り始めた。

「みな心を一つにして聞け。これは私の最期の言葉だ。故右大将軍頼朝公が、朝敵を征罰し、関東の幕府を草創して以来、みなの官位といい、収入といい、その御恩は山よりも高く、海よりも深いのだ。おまえたちの、御恩に報いようとの心は浅くないことと思う。ところが今、帝は逆臣の讒《ざん》に惑われたか、非義の綸旨《りんじ》を下された。名を惜しむ者は、早く、院の侍秀康や裏切り者三浦胤義《たねよし》らを討ち取り、三代将軍の遺産を守り抜け。ただし、上皇方に参じようという者は、只今すぐに申し切れ。」

居並ぶ御家人らはこの言葉を聞いて、涙に溺れ、幕府の恩に報いるため、戦うことを決意したという。

この演説は『承久記』『承久軍物語』『六代勝事記』『梅松論《ばいしょうろん》』などにも見られる。『承久軍物語』では「いかに侍ども、たしかに聞け」と呼びかけることになっていて、リアルで、魅力的である。

一方、『梅松論』では、この演説の終わりに、

「おまえたちが、上皇方につくというのなら、私はなまじ命長らえて、三代将軍の墓が京方の馬の蹄に踏み荒らされるのを見るのは口惜しい。生きていたくはない。私を殺してから行け。」

と言ったことになっているが、こちらはあまり感心しない。これから戦さに臨むという時に、こんな縁起の悪いことは言わないのではないか。当時の人が、戦さのような大事を前に、不吉な言葉を口にするとは思えない。

政子の大権

夜になり、義時邸にて軍議が行なわれ、意見はまっ二つに割れた。京方の軍が足柄《あしがら》・箱根まで来るのを待って迎え撃つという案と、それでは士気に影響するから、運を天に任せて京都まで出撃しようという案である。意見の一致を見ないので、義時は両案をともに政子に示し、決定を仰いだ。政子は出撃せよ、と言った。そこで、東国の武士たちが集まるのを待って、京都へ撃って出ることになった。

しかし、翌々日の軍議で、再び同じ議論がむし返された。本拠地を離れて、京都に攻め上るのはいかがなものか、というのである。すると、大江広元が強硬論を唱えた。「武蔵国の軍勢を待っている間にまたもや弱気な意見が出てきた。時をめぐらすのは士気に影響する。たった今、北条泰時一人でも軍を率いて先に出撃すべきである」と。義時はこの意見にいたく賛同した。政子は、今一人の宿老の三善善信入道が老病で休んでいたため、問い合わせると、やはり広元同様の意見であった。

こうして、大将軍泰時一人は、その夜の内に、鎌倉を先発出動した。とはいえ、稲瀬川《いなせがわ》辺の御家人の屋敷に泊まっているから、いくらも動いていないのである。ただ「出発した」という既成事実だけが必要だったのであろう。次の日には、時房以下の人々も皆出動した。義時、広元らは、鎌倉に残り留守を守った。

乱後の処理

この乱における戦闘の激しさは、後々まで人々の記憶に残るものだったらしい。鎌倉時代も十三世紀後半にまとめられた説話集『沙石集《しゃせきしゅう》』には、「戦さ」のことを「承久」と言うのだと思っている僧が出てきて、「どの承久といって、宝治の承久ほど、死者の多く出た承久はありません」と言って笑わせる（巻八―十七）。それほど、老人の語り草になっていたのだろう。『吾妻鏡』には、「都人皆迷惑」と書かれている。

戦さは、幕府の勝利に終わった。多くの犠牲者が出た。そして政子には、戦後処理の忙しい仕事が待っていた。上皇の配流や六波羅探題《ろくはらたんだい》の設置など、大変な仕事も幕府の面々と力を合わせてやっていったと思われる。

政子は、各地から届く軍忠状等を開いて見ては、時に感涙にむせびながら、功績に応じて恩賞を与えた。今回の戦さで幕府に敵対した貴族や武士の所領三千余ヵ所が没収され、政子はこれらを、勲功の度合いに応じて恩賞として御家人らに分配した。その実務に当たったのは義時で、自分自身は針刺すほどの土地も取らなかったといい、世の人が美談にしたという。一二二三年（貞応二）になると、政子は「民庶の憂喜を知らんがため」、畿内西国在庁に宛てて、承久以後の新補地頭《しんぽじとう》等の所務について、非違あらば注し申すように仰せを出している。その文書は義時がうけたまわって下した。

京都の貴族たちも、その罪が問われた。そのころ、実朝の御台所《みだいどころ》（坊門信清の娘）は京都に帰っていて、西八条の実朝の邸宅を寺堂として住んでおり、西八条禅尼、あるいは本覚尼《ほんがくに》と称していた。乱の後、西八条禅尼は、鎌倉に敵対した兄坊門大納言忠信の助命嘆願の手紙を、政子と泰時に宛てて送っている。『承久記』によると、

「こたびの戦さは、尼の身として、京・鎌倉のどちらに味方をするというわけでもありませんでしたが、故実朝殿のことを思い出すにつけ、鎌倉が傾くことは私自身の悲しみと思い、戦さの間中、袖の下にてぬかずき、一心にお祈り申し上げました。その成果というわけではありませぬが、鎌倉が平穏になったと聞き、私自身の喜びと思いました。それにつけても、兄大納言は、さしたる弓矢取りでもないので、故実朝殿の精霊《しょうりょう》に免じて、命ばかりは助けてくれませぬか。」

というもので、政子は憐れんで坊門大納言の極刑を許している。

また、伊勢神宮の夢が実現したということで、政子は伊勢神宮をはじめ諸社に所領を寄進している。一方、義時の妻は、夢を見た。猿が一匹寄ってきて、髪の毛を左右の手につかんで激しく怒り、いつしか頭がぼおっとなってしまったというのである。猿は日吉《ひえ》神社の使いなので、あわてて今度の戦さで反逆の罪に問われて鎌倉に来ていた日吉大神宮の祝《はふり》（神官）を釈放した。

ある日、政子の御所に、故伊賀光季の遺児たちが四人、顔を見せにやってきた。伊賀光季は、承久の乱が始まる時に京都守護の任にあり、鎌倉を裏切らなかったため後鳥羽に最初に攻められ、血祭りに上げられた人物である。四人ともまだ十歳未満の小童で、その顔《かんばせ》は父によく似ており、政子は思わず涙をこぼした。そして、亡き父の跡を継ぎ、忠勤に励むよう、諭したのであった。

このころ、頼朝以来の宿老三善善信入道が世を去った。八十二歳。幕府の世代交替が始まりつつあった。

義時の死

政子の生涯の片腕となったのは、弟の義時である。この義時が、一二二四年（貞応三）六月、病気が重くなって危篤状態になった。日ごろから、脚気《かっけ》と霍乱《かくらん》（嘔吐と下痢を伴う病気）で心身に変調が現われていたのが、とうとう重病となったという。陰陽師らが種々の祭りを行ない病気回復を祈ったが、無駄であった。十三日、頼経の許しを得た後、落飾《らくしょく》（剃髪）し、死を迎えた。時に六十二歳。阿弥陀仏の称号を唱えながらの臨終であった。

やがて、北条泰時と時房が京都から帰ってきた。そして二十八日、触穢《しょくえ》の憚《はばかり》がなくなったとして政子の邸を訪れた。政子は、

「泰時と時房と両人して将軍の後見として、武家の事を執り行なっていくように。」

と命じた。こうして、義時の子泰時が新たに執権に、政子・義時の弟時房が連署《れんしょ》に就任した。政子はこの処置について、義時が死んで間もないのに早過ぎるだろうかと、大江広元に問い合わせたところ、広元は、

「これでも遅過ぎます。今は危険な時期、早く決めてしまわれるべきです。」

と答えた。

実は、義時の死後、巷《ちまた》では、泰時と異母弟政村《まさむら》との間で戦さが始まるぞ、といった種々の噂がささやかれていたのである。それというのも、義時の妻伊賀氏が、兄弟の伊賀光宗らとともに、先妻の子の泰時を押し退け、自分の生んだ政村を執権に、自分の娘婿の一《いち》条《じょう》実雅《さねまさ》を将軍にして、実権を握ろうと考えていたからである。この陰謀が発覚し、鎌倉

中に武士が集まり、騒然としてきた。

しかも、伊賀兄弟は、しきりに三浦義村の屋敷に出入りしては何やら相談し、また、義時妻の家に大勢で入りびたっていた。そこでのひそひそ話を、ある女房が窺い聞いて泰時に連絡したが、泰時は動揺せず取り合わなかった。泰時は、問題の当事者であるから、下手に動くことはできない。賢明にも、不関与の姿勢を貫き、政子にすべてを任せていたようである。

深夜の説得

情勢は急を告げてきた。近国の武士たちが集まり、鎌倉中の軒先を借りている。七月十七日子《ね》の刻、つまり真夜中に、政子は女房駿河局ただ一人を連れて、ひそかに三浦の屋敷を尋ねた。時ならぬ政子の訪問に、義村はたまげて平身低頭した。

「義時が亡くなって、泰時が戻ってからというもの、どうも人が多くなって、世の中がうるさい。政村や伊賀光宗などが、おまえの屋敷に出入りして、何やら密談をしているという風聞があるが、それは何事か。その意を計りかねている。まさか、泰時に変わって自分たちで政治をしようと思っているのではないだろうな。去んぬる承久の兵乱の時、関東が勝ったのは、天の決めたことではあれ、半ばは泰時の功績だ。亡き義時は、何度も戦さを鎮めて世を平定してきたが、その後を継ぐのは泰時だ。泰時がいなければ、皆、どうして運を久しくすることができようか。政村と義村は、親子のように何でも談合しているようだが、事を起こしてはいけない。」

政子の説得に義村は、知りません、身に覚えはありませんとしきりに言ったが、政子は許さず、さらに「政村を助けて、世を乱そうという企てがあるのかないのか、たった今、申し切れ」と迫る。ついに義村は、

「政村殿にはまったく逆心はありません。伊賀兄弟には、何か思う所があるようですが、必ず私が制禁を加えます。」

と誓ったので、政子はようやく帰った。

翌日、三浦義村はさっそく泰時のもとにやってきて、申し開きをした。

「故義時殿がご存命の時、私の忠義を見込んで、政村殿ご元服の時、私を加冠《かかん》の役に任命なさいました。また、愚息泰村をご猶子にされました。このご恩を思えば、貴殿と政村殿のお二方のうちのどちらかをひいきするなどということを私がするはずはありません。ただ、世の安泰を思うのみでございます。しかし、伊賀光宗はいささか計略がある様子なので、私が諌めておきました。」

泰時は、喜びも驚きもせず、冷静にこれを聞いた。ことは、これで静まったかに見えたが、三十日になって、夜、にわかに騒動が持ち上がった。御家人らが皆、旗を上げ、甲冑を着けて走ったが、何も起こらず、やがて静かになった。その翌日の閏七月一日、政子は頼経を連れて泰時邸に行き、そこから何度も使いを出して、嫌がる三浦義村を呼び出した。

「私は今、若公を抱き、泰時と時房とともに一つ所にいる。義村だけ別にするわけにはいかない。すみやかに同じ場所に来なさい。」

これには、義村も断ることができなかった。主な宿老らも招集し、そこで政子は言った。

「上が幼いので、下の謀逆を禁じることができないでいる。私は、老いの命を生き長らえて、まったく仕方のない有り様だが、おのおの、故頼朝公のことを覚えているだろう。しかれば、私の命令に従い、一致団結して、何者にも蜂起させないようにせよ。」

その翌日、政子は御前会議を招集した。病気を押して、老大江広元もやってきた。会議の結果、陰謀は明らかだということになり、首謀者のうち、一条実雅は公卿なので都に送り返して朝廷に審判してもらうこととし、義時妻や伊賀光宗らは流罪に決定した。これらの処置はすべて、政子の命令を泰時が執行するという形が取られた。政子は、義時妻については、伊豆北条に籠居ということにしてやった。

この事件の収拾には、晩年の政子の老獪《ろうかい》な政治手腕が発揮されている。しかし、みずから敵地へ単身乗り込むことで紛争を回避するという方法は、若き日のままである。

一方、義時は、生前は有能な政治家であったが、その死後、後妻の野望という、父時政を彷彿とさせるような禍根を残してしまった。

変貌する鎌倉

政子は、義時の遺領を男女子息に配分した文書を、嫡子泰時に下賜した。通常なら、遺領の配分は後家が行なって将軍に許可をもらうのであるが、当の後家が罪人になってしまったので、所領はいったん政子が接収したうえで、嫡子に返す形を取ったのであろう。ただし内輪のことなので、実際は、政子は内々に泰時にあらかじめ分配をやらせていた。泰時の作ってきた分配案に目を通した政子は、不審に思って聞いた。

「大体よくできているが、嫡子分が少ないではないか。どうしたのか。」

泰時は答えた。

「執権の身として、所領を多く持とうとは思いません。ただ、弟妹たちに多く分配しようと思います。」

それを聞いて、政子は感涙にむせんだという。

政子が二十四歳で鎌倉に入ってから、三五年の月日が経っていた。富士の裾野で、頼朝がまだ少年である息子を連れて大規模な巻狩りを行なった時は、苛立ったり、心配したりしながら帰りを待っていた。あのころ――武士がまだその本来の姿を、狩りと戦争に明け暮れるその生き様を色濃く残していた時代――は、政子が年輪を重ねていくに従い、いつしか消えつつあった。今や、折り目正しく冷静な北条の若い人材が育ち、儒教の仁政観に基づく撫民《ぶみん》をこととし、法や制度の整備を着々と進めている。禅宗を信仰し、自ら、質素な生活をモットーとしている。

この少し前、鎌倉の横町辺の女性が三つ子を生んだ。政子は、女人が三つ子を生んだら官庫より衣食を給することが国史に見える、という識者の意見に従って、これを養わせた。残念ながら三つ子は育つことができなかったが、政子自身の行動の中に、明らかに仁政への傾斜が読み取れる。

そして、こうした方針転換とともに、鎌倉も、切り岸や空堀をせっせと造った殺伐たる軍事都市から、京都に類似した一大中世都市へと変貌を遂げつつあった。実朝のころには、鎌倉の商人の統制が始まり、一二二一年（承久三）の実朝の三回忌には、政子が鎌倉の乞食らに施行《せぎょう》を行なっている。泰時の時代になると、鎌倉は、京下りの将軍の御所を中心に市中が清浄に保たれ、墓地やホスピスなどの死に関わる施設は都市の外縁に造らせるという、いわゆる中心―周縁構造を持つ首都の姿を見せている。そこには、京都と同様に、王権を清浄の極に置いて崇め奉り、もう一方の極に人や動物の産死に関わるものを置いてケガレとする、いわゆるケガレの構造が持ち込まれたことは否定できない。

政子の晩年は、もう、こうした都市のアウトラインができつつあったのである。

仏道に寄せる想い

日々の仏事

一二〇〇年（正治二）正月十三日、頼朝の一周忌が、その法華堂にて行なわれた。供養された経は金字法華経六部と摺写《すりしや》五部大乗経、仏像は釈迦三尊を描いた仏画と、それに政子の髪の毛で阿字を刺繡《ししゆう》した曼荼羅《まんだら》であった。

髪の毛の曼荼羅

政子は、頼朝の死を契機に髪を落として出家し、法名を如実《によじつ》とした。妙観上人《みようかんしようにん》とも称したという。

院政期ごろから、夫婦は二世の契りと言われ、死んだら極楽の一つ蓮の上に生まれ変わることが人々の理想とされていた。平素から、夫婦は互いに相手のことを、縁あって友となった「縁友《えんとも》」と呼び合い、共同で二人や子供の行く末を祈願していた。どちらかが死ねば、残された者はその菩提《ぼだい》を弔いながら生きる。それゆえ、配偶者の死後、残された方は出家をすべきなのだが、妻の方の出家は社会慣習として制度化され、全女性を規制していったのに対し、男性の方はあくまでその人の意思の問題とされた。

平安時代の多くの女性は、出家する時に、一気に髪を全部剃ってしまうのでなく、いったん尼削《あまそ》ぎといって毛先のみを切った姿になってから、しばらくたって（あるいは死ぬ直前に）すべて剃り落とすという二重出家を行なっていた。しかし、政子の場合、二重出家をしたという記録がない。また、阿字の刺繡をするには長い髪が必要なことから、少なくとも一周忌の段階ではすべて剃っていたのではないかと思う。しかも、一周忌の時点ではすでに阿字の曼荼羅はでき上がっていたわけであるから、政子は、あるいは二重出家をせず、最初から一気に全部剃ったのではないかという見方も生じる。

現在、伊豆山神社に、この時のものといわれる頭髪曼荼羅が一幅、伝存している。曼荼羅内の仏が、すべて髪の毛で刺繡されたサンスクリット四十六文字で示された法華曼荼羅である。かつてＮＨＫで放映された番組（「謎の黒髪」というタイトルだったと思う）によると、たしか、この髪の主の血液型（ＡＢＯ式）はＯ型であった。

政子は、多忙な政治生活を送りながら、常に仏事を行なっている。『吾妻《あずま》鏡《かがみ》』をめくってみると、政子の生活は、政治と仏事が代わるがわるに行なわれているようである。しかし、このことが、政子がその波乱の人生を、前向きに生きていくことができた秘訣なのかもしれない。

追善の仏事

中世の仏事で大きなウェイトを占めていたのが、死んだ家族の追善である。追善については前にも触れたので、ここでは、主に出家後の追善について見てみよう。

政子は、鎌倉のあちこちで、家族のための仏事を行なっていた。当時は、月忌《がっき》といって、毎月、ある人が死んだ日を供養したので、祖父母、父母、夫、子供たちとを合わせると、ほとんど毎日のように誰か死者を想いながら暮らしていたわけである。いわば、死者を頻繁に想い出し交流するシステムが作られていたのであり、死者との間の距離が、現代に比べて格段に近かったのである。

頼朝の持仏堂は法華堂といわれ、剣などの宝物が納められていた。ここで毎月十三日に月忌が修せられた。政子は、毎月参加することはなかったが、時には参加して、施主として豪華な仏事を修した。一二〇九年（承元三）の月忌には、書写法華経、仏像の図絵などの作善《きぜん》を行ない、金銀錦繍の超豪華な布施を出している。

このほか、政子は祖母の忌日四月二十三日に仏事を行なった記録がある。政子の祖母についてはまったくないのであるが、政子はよくこれを行ない、五月六日に祖父母を合わせて追善を修した記事もある。おそらく五月六日は祖父の忌日だったのであろう。祖母は、政子にとって大切な人だったようである。

一二〇〇年（正治二）、政子は亀ケ谷《かめがやつ》に金剛寿福寺を建立して、栄西を住持とした。この亀ケ谷には、もともと中原親能《なかはらちかよし》の亀ケ谷堂があり、親能が乙姫の乳母夫であった関係で乙姫の墓がこの堂の傍らに築かれた。金剛寿福寺はその乙姫の墓に近い場所に建立したのである。さらに、義朝の沼浜の旧宅を寿福寺の堂として寄進した。これは、頼朝が生前大切に修理保存していたため、壊して移転させるのを見合わせていたのを、政子は夢に義朝が現われたのをきっかけに、寿福寺に寄進したという。

一二一四年（建保二）七月二十七日、幕府は、大倉新御堂と呼ばれる大慈寺を建立した。惣門に金剛力士像を造立して安置した記事などがみえている。大倉御所に隣接していたと思われ、政子はここで多く仏事を修している。

実朝の死んだ一二一九年（承久元）の九月には、政子は勝長寿院の横に、実朝の追福を祈って一伽藍を建立し、運慶《うんけい》作の五大尊を安置して五仏堂と名づけ、年末には千日講を修している。また実朝の追善と自身の逆修《ぎゃくしゅ》のため、高野山に金剛三昧院を建立し、広大な荘園を寄進した。

政子は、大姫が早世した時、追善に堂一宇を建立しようと思い、勝長寿院の南の地を点定したが、頼朝が死去した後の多忙さのゆえか、建てずじまいになってしまった。晩年になって、政子はこの地に、自分の持仏堂兼御所を建てることになる。

仏画と仏像彫刻　運慶などの仏師が制作する仏像彫刻は、手間がかかり、費用もかかるので、そうたびたびは造っていない。それよりも、政子は好んで仏画を描かせたようである。『吾妻鏡』には、ざっと、次のような記録が見られる。

一一九九年（正治元）　頼朝百ケ日。新図阿弥陀仏一鋪供養。
一二〇〇年（正治二）　京都で十六羅漢図を描かせ、金剛寿福寺で開眼供養。
一二〇四年（元久元）　奈良で七観音像を描かせる。金剛寿福寺に奉納。
一二〇九年（承元三）　頼朝の月忌に絵仏を供養。
一二二三年（貞応二）　持仏堂で絵像地蔵菩薩供養。

政子は、奈良や京都で名の高い絵仏師がいると聞くと、注文して取り寄せたりもしている。こうした活動も、出家してから始まったようである。

実朝も、七仏薬師像を御所の持仏堂に描かせたり、文殊《もんじゅ》像を供養したり、聖徳太子の御《み》影《えい》供養を行なっている。彼は、絵画全般が好きだったようで、京都から奥州十三年合戦絵や山水図、吾朝大師伝絵などを取り寄せたり、将門《まさかど》合戦絵を描かせたりしている。また、新造御所の障子の絵が気にいらないと文句も言っている。政子の場合は、そうした記述は見られず、鑑賞のための絵画制作は行なわず、もっぱら信心の対象として仏画を描かせていたと思われる。

次に、仏像彫刻についてみたい。『吾妻鏡』の一二二二年（貞応元）十月十五日条に、「今日、二品御本尊釈迦如来像供養」とあり、また後の一二五〇年（建長二）七月十五日条に北条時頼の願により、「故二位家御本尊白檀《びゃくだん》釈迦如来像供養」とあることから、政子は白檀（サンダルウッド）の香り高い釈迦如来像（檀像）を作らせ、本尊としていたことがわかる。

白檀とは、現在よく中国製の透かし彫りの扇子に用いられている木である。インドに産する半寄生性の常緑樹で、古くから瞑想の時に焚かれたり、薬に用いられたりしてきた。香りの効果とともに、防虫効果もあった。中国では、白檀で仏像を作ることは古くから行なわれており、日本にも輸入されてきた。また、日本での作例も見られる。現在のアロマテラピーでは、白檀の心理作用として、心を落ち着け、リラックスさせる効果とともに、催淫性も指摘されているらしい。政子の釈迦如来像は、持仏として、おそらく比較的小さい像で、厨子《ずし》に収められていたのではないかと思う。厨子を開けるとその艶にしてエキゾティックな香が漂ったことであろう。

政子が仏像を造立させた記述では、ほかに一二一一年（建暦元）に金銅薬師三尊を造らせている。またさきに見たように、実朝のために運慶に五大尊を造らせている。

西八条禅尼

実朝の御台所（坊門信清娘）の本尊については、一二二一年に「本尊如意《によい》輪《りん》観音像」とあり、持仏堂に安置されていた。

実朝御台所は、実朝の死後、京都に帰って西八条の邸に住み、西八条禅尼とも本覚尼《ほんがくに》とも呼ばれていた。承久の乱の後に、政子に手紙を書いて、兄大納言の命乞いをしたことは、先に述べたとおりである。

この西八条というのは、実朝の京都における邸宅であり、彼女は後にここを律宗の遍《へん》照心院《じょうしんいん》として、実朝をはじめとする代々の将軍家を祈る場とする。鎌倉での本尊如意輪観音を持って帰ったかどうかは不明であるが、如意輪というところが、いかにも京都の貴族女性らしい気がする。

如意輪は、ふくよかな美しい女性の姿態で表され、仏眼仏母《ぶつげんぶつも》如来《にょらい》や玉女《ぎょくにょ》と同じように、男の母であり愛人でもある美女のイメージとして、慈円や親鸞など、当時最先端の仏教者たちに信奉されていたものである。彼女自身がどのように考えていたかは不明であるが、白檀の香り立つ中国風な釈迦如来を本尊とする政子とは趣を異にする信仰世界の中で生きていたのであろう。

この実朝御台所と政子との関係が円満であったとする論者は多い。現在のテレビドラマでは「嫁姑関係」は必ず悪いものとされているし、婿取婚時代の清少納言でさえ「珍しいもの。舅にほめられる婿、姑にほめられる嫁」と言っているので、この二人が、よく一緒に鶴岡の流鏑馬《やぶさめ》や放生会《ほうじょうえ》などを見物している姿が目を引くのであろう。ただし、こうした活動は二人とも御台所の仕事としてやっていることであり、一緒に遊んでいるわけではないので、これをもって、ことさらに円満さを強調するのは無理があるかと思う。しかし不仲を示す記録は何もない。子供が生まれなかったことに関しても、「どうせ私には子孫は生まれないのですよ」などと、いじけた言葉を記録にとどめているのは実朝だけである。

西八条禅尼は、夫の死後、すぐに京都に戻り、そこで夫や関東を祈ったことからして、鎌倉に思いを寄せつつも、あくまで都人《みやこびと》としての自分を保っていた人なのであろう。それぞれ、異文化に生きていた嫁と姑は、そのことによって対立しない知性の持ち主だったのであろうか。

政子、死す

政子の時代の幕府は、鶴岡八幡宮の西にあって、大倉幕府と言われていた。そこに、将軍の家族の生活空間も存在していた。頼朝の墓は、その北の山側に隣接して築かれた。

大御所

政子は、頼朝の死後も、ずっと同じ御所に住み続けている。すなわち『吾妻鏡《あずまかがみ》』には、一二〇三年（建仁三）九月の記事に、「大御所（幕下将軍御遺跡。当時、尼御台所御坐）」とある。頼朝の御所にずっと住むということは、文字どおり、頼朝の後家としてその遺志を継ぐ者であることを、人々に示すことであった。そして政子自身は、常に頼朝の面影とともに暮らしていたのであろう。頼家が将軍であった時期には、頼家の住居は「御所」、政子の住居は「大御所」と区別して呼ばれている。別居していたのである。政子の住居はまた「東《ひがしの》御所」とも呼ばれている。

実朝は子供の時、一時、乳母阿波局のいる時政邸で生活していたが、後に牧の方を恐れた政子が自分の御所に引き取った。結婚してからは、おそらく頼家と同じように、隣接して御所を構えたものと思われる。和田合戦で実朝の御所は焼け、一時、政子の東御所に避難し、のち大江広元邸に夫婦で住んだが、やがて新築がなった。

実朝が殺害された直後の一二一九年（承久元）三月、政子は上皇から派遣された弔問の使いを、実朝の御所で迎えた。源氏将軍亡き今、自分が、後継者として幕府を維持しているということを、天下に示すためであろう。政子は実朝の御所に引っ越したようである。頼経が下向してきた時には、大倉幕府の敷地の南方の、義時の邸宅がある所に、御所を新築して住まわせた。しかし、その直後、政子の御所（実朝旧邸）が失火で火事になったので、政子は頼経御所に転がり込み、同居している。

こうした御所には、それぞれ持仏堂《じぶつどう》が設けられている場合が多く、そこに自分の本尊を安置していたようである。後年、政子死後の一二二六年（嘉禄二）に、頼朝・実朝・政子の三ヵ所の法華堂に、それぞれ一部ずつ如法経を奉納したという記録が残されている。

御堂御所　一二二三年（貞応二）二月、六十七歳の政子は、勝長寿院の奥地に、新しく、伽藍と御所の建立に着手した。

この時代の上皇や女院など身分の高い人々は、通常、晩年に自分の御所と墓堂を兼ね備えた堂を建立し、終《つい》の棲《す》み家《か》とした。たとえば、いま京都の蓮の名所として知られる法金剛院は、もともと鳥羽院の中宮であった待賢門院《たいけんもんいん》の晩年の御所兼持仏堂だったものである。政子も、こうした終の御所の建設を決意したのであった。

同年七月、伽藍と御所は完成し、御堂御所《みどうごしょ》と名づけられ、政子はさっそく引っ越した。ここは、大倉幕府よりも南に位置するので、伽藍は南新御堂と称されることとなった。本尊は弥勒菩薩とされた。南新御堂の中には、政子のもっともプライベートな祈りの場である持仏堂が設けられ、廊御堂《ろうのみどう》と呼ばれた。

この土地は、もともと政子が大姫の追善のために堂一宇を建立しようと思っていた場所であったが、頼朝死去後、計画が中断されていたのである。持仏堂には、運慶作の本尊を安置したが、それは実朝が京都で造らせ、生前の本尊としていたものである。政子は、大姫や実朝の思い出に包まれた空間を造り、そこを自分の終の棲み家とした。

最後の政治

一二二五年（嘉禄元）、日照りが続き、諸国に疫病が流行った。五月一日、政子は、弁僧正《べんのそうじょう》定豪《じょうごう》、大蔵卿《おおくらきょう》法印《ほういん》良信《りょうしん》、陰陽師《おんみょうじ》権介《ごんのすけ》国通《くにみち》などといった人々を御所に呼び集めて言った。

「今、天下に病死する者が数千に及んでいるが、その災いを除くために、般若心経《はんにゃしんぎょう》と尊《そん》勝陀羅尼《しょうだらに》各一巻を書写供養しようと思うのだが、どうか。意見が聞きたい。」

弁僧正定豪が言った。

「千人の僧を招じて、一千部の仁王経を講読したら宜《よろ》しいでしょう。」

また、大蔵卿法印良信は、

「昔、嵯峨天皇の御宇《ぎょう》、疫病で全国に死者が多く出た時、宸筆《しんぴつ》で般若心経をお書きになり、弘法大師に供養をさせました。ですから、般若心経を書写することは、なお宜しいでしょう。」

政子は、この二人の意見を容れて、その開始の日時を陰陽師国通に選ばせた。

二十二日から、鶴岡に仮屋を建てて、千僧供養を行ない、さらに心経と尊勝陀羅尼をそれぞれ一千巻刷り、百巻を金泥で書写した。これらの経は、諸国の一宮《いちのみや》に奉納することになった。政子は、かつて天皇が行なった、天に対する祈禱を、自ら僧侶たちに命じ、鶴岡で修していた。

二十四日、雨が降り、人々は喜んだ。法会《ほうえ》の後にたちまち雨が降ったということで、政子をはじめ幕府の人々は大いに気をよくした。『吾妻鏡』には、「国土、豊饒を歌うものか」と書かれている。

これが、最後の政治となった。

数日後の六月二日、政子は発病した。そうした中でも、天下の祈禱は続けられたが、これに加えて政子の極楽往生を願う逆修《ぎゃくしゅ》も始められた。

その十日、大江広元法名覚阿が、宿痾《しゅくあ》の痢病《りびょう》によって、七十八歳で死去した。政子は病床でこれを聞いたと思われる。

十六日、政子は意識を失った。御家人らが群参してきた。このころ、政子は大倉の御所にいたようで、病気で倒れてからしきりに御堂御所に帰りたがっていたが、陰陽師たちが日が悪いと言って、延引していた。その日取りについては、ずいぶん揉めたようである。

七月に入ると、医者も匙《さじ》を投げた。十一日、政子は、その六十九歳の生涯を終えた。

政子の死んだ場所がどこか、正確なことはわからない。おそらくは御堂御所に移されたのではないかと思われるが、定かではない。

十二日、政子の死が天下に披露された。出家する男女が多く出た。二階堂行盛などは、政子の前で出家を遂げた。この日、政子は御堂御所において、荼毘《だび》にふされた。天下は三十日の触穢《しょくえ》とされた。

『吾妻鏡』は、政子について、「前漢の呂后《りょこう》に同じく天下を執行せしむ。もしくはまた、神功皇后《じんぐうこうごう》再生」か、と述べている。

墓所の位置は不明である。その遺骨の一部は、実朝の遺骨とともに高野山の金剛三昧院《こんごうさんまいいん》に送られた。

現在、鎌倉には、政子の墓と伝承されているものが二つある。一つは、安養院にある宝篋印塔《ほうきょういんとう》であり、今一つは、寿福寺の裏山を穿ったやぐらで、五輪塔一基がある。その隣には、実朝墓と言われるやぐらが並んでいる。

義時、広元、政子の相次ぐ死によって、鎌倉幕府の一つの時代が幕を閉じた。この直後、幕府は、大倉から若宮大路の宇都宮辻子《ずし》に移転された。

後を継ぐ者たち

竹御所

政子の死亡記事の直後から、『吾妻鏡《あずまかがみ》』では、これまでほとんど登場しなかった人物が、にわかに浮上してくる。頼朝と政子の血を受け継ぐ唯一の生き残り、頼家《よりいえ》の娘、竹御所《たけのごしょ》である。彼女は、亡父の思い出の地比企ケ谷《ひきがやつ》に住居を持ち、政子の唯一の孫として、その葬所での仏事を主催し、その追善仏事には必ず姿を見せるようになっていった。政子の死後、これまでまったく記事のなかったこの人物の、病気だの方違え《かたたがえ》（方角が凶の時に居場所を変えること）だのといった記録が、こと細かに記されるようになる。明らかに、政子の後継者としての活動を開始したのである。

一方、頼経は、政子の亡くなった年の十二月、宇都宮辻子の新御所に移った後、八歳で元服し、翌年、征夷大将軍に任じられている。それにしても頼経はまだまだ幼く、政子というカリスマを失った幕府は危うく、北条氏をはじめとする人々は、竹御所の持つ頼朝と政子の血、源氏の嫡系の血に、注目したのではないだろうか。

竹御所は、当時の政治史上、重要な人物と思われるが、これまでほとんど注目されてこなかった。最近、野口実氏によってようやく、その重要性が指摘された。

竹御所は、北条泰時・時房・朝時・政村といった北条氏の新世代をはじめとする御家人たちの屋敷に、頻繁に方違えをしている。また、鶴岡の放生会《ほうじようえ》に、泰時の妻（三浦泰村娘）とともに参加することもあった。

そして、注目すべきは、竹御所が二所奉幣《にしよほうべい》を行なったことである。一二三〇年（寛喜二）閏一月十三日、竹御所は二所精進に入り、十七日、奉幣の使いを進発させている。二《に》所詣《しよもうで》は、将軍権力を象徴する行為であり、竹御所が明らかに将軍権力を分有する者として振る舞い始めたことがわかる。

この年の十二月、竹御所は頼経と結婚した。竹御所は時に二十八歳、頼経十三歳。源氏の血筋を継ぐ御台所《みだいどころ》が登場したのである。これ以来、竹御所は、かつて政子や西八条禅尼がやっていたように、鶴岡や永福寺《ようふくじ》の仏神事に、頼経と並んで姿を見せ、また御家人らの相談相手になっている。また、次の正月にも、再び二所奉幣を行なっている。

野口実氏によれば、二階堂行盛《ゆきもり》など、政子の側近だった武士たちのほとんどが、竹御所の側近として引き継がれた。政子の後継者として、竹御所は御家人らと上手につきあっていったらしい。

しかし残念なことに、一二三四年（文暦元）七月二十七日、男子を死産したうえ、悩乱して死んでしまった。三十二歳であった。結婚が遅かったうえに夫が若すぎたため、当時としては高齢の初産になってしまったのであろう。もしも竹御所が生きていたら、そしてこの男子が成長していたら、どうなったであろうか。鎌倉時代の政治史は塗り替えられていたことであろう。

政治史のうえで、竹御所は、政子という存在を失い、頼経がまだ子供だった時期の不安定な幕府を、安泰に存続させた重要な役割を果たして逝ったといえよう。

尼将軍の追慕

政子の死の翌月に行なわれた葬所での仏事は、竹御所の沙汰であった。続く百ケ日の仏事は泰時が行なった。

政子の御所には、弟の時房が住み、続いて甥の政村が居住した。

毎年、七月十一日は、政子の忌日である。この日は、必ず、幕府の主だった人々による周忌法要が行なわれていった。

一周忌には、北条時房によって、大慈寺に三重塔が建立された。忌日には、勝長寿院に人々が群集し、法要が営まれた。

第三年の法要のために、大倉御所跡、大倉大慈寺の傍らに、泰時の願によって新御堂を建立することが、前年から評定衆らで協議され実現した。また丈六阿弥陀堂も造られて供養が行なわれ、竹御所が聴問し、泰時・時房も参じている。さらに御家人らも、それぞれ尼将軍を追慕して法要を営んだようで、二階堂行盛も一堂を草創、供養し、竹御所・泰時・時房が参じている。

一二三七年（嘉禎三）の十三年忌には、丈六堂が新造され、また政子の御堂御所のあった南新御堂で仏事が行なわれた。

翌一二三八年（暦仁元）には、泰時が園城寺に詣で、前年の十三年忌に書写した一切《いっさい》経《きょう》を施入した。さらにその翌年、泰時は善光寺に田地を念仏の料として寄進し、七ヵ条の「式目」を定めて、政子をはじめとする数人の先人を導くべし、とした。

政子への追慕は、世代が替わっても引き継がれ、一二五〇年（建長二）には、北条時頼の願によって、「故二位家御本尊白檀釈迦如来像」が供養され、翌年には南小御堂が修復されている。

政子の追善は、北条氏など親族だけが行なったのではない。御家人たちもまた、尼将軍をしのび、追善の仏事を行なった。

高野山金剛三昧院は、政子が生前、実朝の菩提を弔い、自身の極楽往生を願うために建立した寺院であり、広大な荘園が寄進された。実朝の死後、実朝近臣の葛山景倫は遁世して願性《がんせい》と名乗り、金剛三昧院に属し、自分の死後は寺に寄進するとの約束で、政子から紀伊国由良荘の地頭職を与えられた。しかし、政子の死後は、金剛三昧院別当荘厳房法印と相談のうえ、これを寺に寄進し、政子と実朝を弔う料とした。この金剛三昧院には、政子と実朝の遺骨が納められた（「金剛三昧院文書」『鎌倉遺文』九一四二号）。

足利義兼《あしかがよしかね》は、政子の十三年忌に、金剛三昧院に大仏殿を建立して丈六大日如来像を造立、安置し、後に美作《みまさか》国大原保を寄進している（「金剛三昧院文書」『鎌倉遺文』五二四〇号）。

このように、御家人たちも尼将軍を追慕し、仏事を行なったのであった。

歴史の中の北条政子

女人入眼の日本国——中世女性と政治権力

北条政子の活動は、中世の人々からどのように評価されたのであろうか。また、政子のように政治権力を握った女性には、ほかにどのような人があったのか。ここではこうした点を中心に、中世女性と政治権力について考察してみたい。

呂后vs.楊貴妃

『吾妻鏡《あずまかがみ》』は、北条政子が亡くなった日の記事を、次のように記している。

十一日庚午《かのえうま》。晴れ。丑《うし》の刻、二位家薨《こう》ず。御年六十九。これ、前《さき》の大将軍後室。二代将軍母儀なり。前漢の呂后《りょこう》に同じく、天下を執行せしめ給う。もしくはまた、神功《じんぐう》皇后再生せしめ、我が国の皇基を擁護せしめ給うか、と云々。

（嘉禎元年七月十一日）

『吾妻鏡』は、女性の政治家政子を呂后と神功皇后に譬《たと》えた。このうち、神功皇后とは、記紀神話に登場する人物で、夫の仲哀天皇が神の意思に背いて死んだ後、身重の体で船団を率いて朝鮮半島に渡り、戦争して勝った後、九州の地で応神天皇を生んだという、実在しない伝説上の皇后のことである。

一方、呂后とは、前漢の高祖劉邦《りゅうほう》の皇后であり、自分よりはるかに身分の低い夫に嫁して苦労をしたが、夫の死後、自分の生んだおとなしい息子恵帝《けいてい》を立てて実権を握った。そして、かつて夫とともに恵帝を殺そうとしたライバル戚夫人《せきふじん》（高祖の夫人）を捕らえ、手足を断ち、目をつぶし、耳をつぶし、声をつぶして、便所の中に住まわせて「人豚」と呼んだ。昔から中国では、豚を便所の下に飼って、上から人糞を落として食せしめる風習があったからである。そして、その子は斬殺した。戚夫人の姿を恵帝に見せたところ、気弱な息子はショックを受け、以後、酒と女に溺れ、七年後に死んでしまった。恵帝には子がなかったので、呂后は、恵帝の后にみごもった真似をさせ、後宮の美人に生まれた子を太子として、自分が摂政となった。

政子も物凄い人物に比せられたものであるが、『吾妻鏡』は、もちろん誉めたつもりなのである。呂后は当時の日本で、女性として政治を執った優れた人物と認識されていたのである。

なお、政子が若き日に、京都で会見を持った丹後局《たんごのつぼね》は、その美貌と、院の愛妃として政治を左右した生き方から、楊貴妃《ようきひ》と噂されていた。政子との会見は、呂后と楊貴妃の対決だったことになる。ただし中国では既に殷代の妲己《だっき》の頃から、「メンドリが晨《とき》を告げると家が滅ぶ」などとして女性の政治介入が非難されてきたが、中世日本ではそのようなことはなかった。

女人入眼の日本国

北条政子に関する同時代の評価には、慈円の『愚管抄《ぐかんしょう》』がある。慈円は、一一五五年（久寿二）の生まれで、政子よりも二歳ばかり上、亡くなったのは政子と同じ一二二五年（嘉禄元）、政子より二ヵ月ほど後である。つまり慈円は、政子と同時代を京都政界の中枢部に近いところで生きたということになる。

承久の乱前夜の風雲急を告ぐ政局のただ中、鎌倉では北条政子が、京都では卿二位が実権を握っていた。つまり東西ともに女性が政権を握っていたのである。これについて、天台座主慈円はその著書『愚管抄』に次のように記している。

女人入眼《にょにんじゅがん》の日本国いよ〳〵まこと也けりと云べきにや。　（『愚管抄』巻六）

慈円は、藤原摂関家の生まれで、九条兼実《かねざね》の同母弟に当たる。子供の時に出家して、やがて天台座主《ざす》に上り、九条家グループの一員として重要な地位を占めていた。頼朝の朝廷政策の転換の影響で、一度は座主の地位を追われたが、再び返り咲き、世の中をみつめ、歴史の推移に思いを馳せていた。

慈円の書いた歴史書『愚管抄』には、この「女人入眼」という言葉がひんぱんに登場する。日本の歴史では、しばしば女性が、あたかも仏師が仏像に眼を入れるように、歴史の上に登場して重要な役割を果たす、というのである。それでは、なぜ女人入眼なのか。慈円は、次のように説明している。

女人此国をば入眼すと申伝へたるは是也《これなり》。其故《そのゆえ》を仏法にいれて心得るに、人界の生と申すは、母の腹にやどりて人はいでくる事にて侍《はべる》也。この母の苦、いひやる方なし。此苦をうけて人をうみいだす。この人の中に因果善悪あひまじりて、悪人善人はいでくる中に、二乗、菩薩のひじりも有り、調達《ぢようだつ》、くがりの外道も有り。是はみな女人母の恩なり。是によりて、母をやしなひ、うやまひすべき道理のあらはるゝにて侍也。妻后母后を兼じたるより、神功皇后も皇極天王も位につかせおはします也。（巻三）

すなわち慈円の女人政治論は、女人は母であり、母が苦しんで子を生み出すゆえに、この世を動かす善悪の人間が誕生するのであって、すべてのことは母の恩であるというのである。それゆえ、古代の女帝も、妻であり母であるがゆえに女帝たり得た、というのである。

この解釈は、しかし、皇極や持統についてはあてはまっても、その他の古代の女帝については必ずしもあてはまらない。古代の女帝は母后とは限らず独身の者もある。それらの者については、慈円は記述をごく簡略に留め、ことさらに女人入眼として取り上げていない。

慈円の女人入眼とは、つまるところは母后摂政論であった。こうした見方の背後には、慈円の思想を形づくっていた時代状況があった。まず考えるべきことは、慈円は藤原摂関家の出であり、『愚管抄』はその正統性を主張する書であることである。さきに引用した個所に続いて、彼は次のように述べている。

よき臣家のおこなふべきがあるときは、わざと女帝にて侍べし。神功皇后には武内《たけのうち》(武内宿禰《すくね》)、推古天王には聖徳太子、皇極天皇には大織冠《たいしょっかん》(藤原鎌足)、かくいであはせ給にけん。さて、桓武の後は、ひしと大織冠の御子孫臣下にてそいたまふと申は、みなまた妻后母と申すは、この大臣の家に妻后母后ををきて、誠の女帝は末代あしからんずれば、其の后の父を内覧にして用いしめたらんこそ、女人入眼の孝養報恩の方

も兼行してよからめとつくりて、末代ざまの、とかくまもらせ給と、ひしと心得べきにて侍也。（巻三）

すなわち、女帝の執政はよき臣下の補佐のもとに行なわれるものであり、桓武以後は末代なので女帝の統治は不都合であり、それゆえ、大織冠藤原鎌足の子孫が后位に就き、その父が執政の臣として政治をすることになったというのである。この見解は、もちろん、慈円独自のものであって、現代の古代史の成果に照らせば、事実とは異なる（ただ、今でもなお、推古女帝と聖徳太子の関係を引いて、「女帝の時は摂政を置いた」などとしている教科書は多いのであるが、それは慈円の思想の引き写しにすぎず、実際は、推古は名目的な王ではなく、聖徳太子は王位継承者の一人として政治に関わったにすぎず、摂関期の摂政とつなげて考えることはできない）。しかし、摂関家出身の慈円の立場としては、藤原氏の后宮が立って次期天皇の母后となり、その父が政治を動かす摂関外戚政治の在り方を擁護したいのであった。

さらに、慈円の女人入眼論の背景には、単なる摂関政治擁護だけでなく、彼が生きていた時代の母性尊重の風潮が反映されている。彼の女人入眼についての説明は、同時代に説法の上手で知られた澄憲《ちょうけん》の、次のような弁論に似ているのである。

一切女人は三世《さんぜ》諸仏《しょぶつ》真実の母なり。一切男子は諸仏真実の父にあらず。故は何となれば、仏出世の時、必ず仮に胎内に宿る。……父においては、陰陽和合の儀なし。身体《しんたい》髪膚《はっぷ》その父を受けず。よって、父子の道理なきの故なり。これによってこれを思うに、女は男に勝るものか。

（『玉葉』寿永元年十一月二十八日）

すなわち、女は母であるから、その胎内に仏を宿して出生させることができるが、父はそれができないので、女は男に勝るというのである。こうした説は、一般的ではなかったらしいが、これを聞いた人々は皆、涙したという。キリスト教の処女懐胎を連想させるような話であるが、この時代の母性尊重主義をよく示すものといえよう。

藤氏の后宮たち

歴史的事実としても、平安時代の藤原氏の后宮たちは、天皇の母となることで発言権を持ち、政治を背後から左右する権力を得ていたのである。ここで、古代から中世に至る実際の女性と政治権力について見ていきたい。

古代の倭では、女性を政治から排除すべきであるという考え方は、存在しなかったといえる。『魏志倭人伝《ぎしわじんでん》』には、女王卑弥呼《ひみこ》の活動を記すとともに、「その会同座起には父子男女の別なし」と書かれていて、政治的な寄合いにも男女の差別がなかったことを示している。奈良時代になっても、村落などのレベルでは、まだ男女が等しく会合を行なっていたと考えられる。古墳に葬られた古代の女性首長や女帝の存在は、このような社会的背景のもとに理解されるのである。

しかし律令が制定されると、役人は、内侍など一部の女官を除いて男性に限定されるようになった。平安時代には、女帝も姿を消した。慈円の言うとおり、女性が政治権力の中枢に位置するには、天皇の妻、あるいは母という立場に限定されるようになる。特に、九世紀後半以後、摂関外戚政治が開始されると、単に后位に就いただけではだめで、皇子を生んで、その子がやがて即位し、国母《こくも》（天皇の母）の地位に就いてはじめて、息子を動かし、実家の兄弟と連携して、政治を背後から左右する権勢を保てるようになった。

十世紀の醍醐《だいご》天皇の中宮として、朱雀《すざく》、村上両天皇の母后であった藤原穏子《おんし》は、最初の関白藤原基経の娘であり、時平・忠平の妹である。穏子は、夫の死後、二人の天皇の母后として権勢を誇った。穏子の時期には、母后に対するさまざまな儀礼が整備された。たとえば、幼帝が即位するさいの即位式に、母后が同じ輿《こし》に乗って臨み、幼帝を抱いて高御座《たかみくら》に座すという儀礼がある。また、母后が死ぬと、天皇が自ら母の供養として法華経を書写し、法華八講《ほっけはっこう》を行なうということも始められた。これらの儀式は、母后に対する社会的な崇敬が、形として整備されたものといえよう。

続く、村上天皇の中宮で、冷泉《れいぜい》、円融《えんゆう》両天皇の母后である藤原安子《あんし》は、藤原師輔《もろすけ》の娘で、兼家、兼通の姉妹であった。この安子について、『大鏡』は、

大方、殿上人《てんじょうびと》、女房、さるまじき女官までも、さるべき折のとぶらひせさせたまひ、いかなる折も、必ず見かはし、聞き放たせたまはず、御覧じ入れてかへりみさせたまふ。まして御はらからたちをば、さらなりや。（中巻）

と、大変面倒見がよく、人々を引きつける能力があったと記している。さらに、

帝、よろづの政《まつりごと》をば、聞えさせ合はせてせさせたまひけるに、人のためなげきとあるべき事をば直させたまふ。よろこびとなりぬべき事をばそそのかし申させたまひ、おのづからおほやけ聞こし召して悪しかりぬべき事など、人の申すをば、御口より出ださせたまはず。かやうなる御心おもむきのありがたくおはしませば、御祈りともなりて、長く栄えおはしますにこそあべかめれ。（中巻）

とあって、夫である天皇は、政治向きのことを何事によらず安子に相談し、安子は優れたナビゲーターぶりを発揮していたと記している。さらに、天皇の耳に入れるべきでないことは自分の所で留める才覚もあったというのである。

『大鏡』は、藤原氏の后宮びいきであるとはいえ、安子の政治への関与を極めて肯定的

に捉えていることが注目されよう。平安王朝時代には、妻后の政治への関与はそれ自体、非難されることではなかったのである。

安子はまた、自分の兄弟同士の、摂関の地位をめぐる争いにも決定権を持ったことが、『愚管抄』に見えている。安子の兄兼通と弟兼家はかねてから仲が悪かったが、一条摂政伊尹《これただ》が危篤となり、いざ次期摂関を決定しようという時、弟の兼家の方が兄より位階が高かった。どちらが次期摂関の職を手にするのか、緊迫した空気が流れた時、兼通が持参してきた安子の「摂政関白は兄弟の順番に」という文書によって、あっさり決着が付けられたという。後年、鳥羽上皇の皇后藤原泰子（高陽院《かやのいん》）が、兄弟の藤原忠通、頼長の間を取り持つことに尽力し、彼女が死んでしまうと兄弟の間で保元の乱が勃発したように、摂関家の兄弟間の争いも、その姉妹である后宮がその鍵を握っている場合が多かった。

女院の登場

このような流れの中に、藤原道長の姉である東三条院詮子《ひがしさんじょういんせんし》の活動も位置づけられる。藤原詮子は、円融天皇の女御《にょうご》となって皇子に恵まれ、やがてその皇子が六歳で即位して一条天皇となると、皇太后の地位に上った。夫の死後は宮中一の権威を持つに至り、九九一年（正暦二）、病気を理由に出家をすると、后位を退いて、男の上皇になぞらえて、院号を授与され、東三条院と称した。これ以後、明治維新に至るまで続く女院制の始まりである。

詮子は、兄弟の中で弟の道長を評価し支援した。兄道隆の死後、その遺児伊周《これちか》と弟道長の間で摂政をどちらにするかという問題が持ち上がったが、詮子はしぶる一条天皇を動かして宣旨を出させ、道長を摂政に決定させた。その時のことは、『大鏡』や『愚管抄』に描かれている。

一条天皇は、道長を摂政にすることをしぶり、詮子があまりにうるさく言うので、清涼殿の昼《ひ》の御座《おまし》に避難したが、詮子が夜《よる》の御殿《おとど》の妻戸を開けて現われ、「御目のへん、ただなら」ぬ様子で、

いかに世のため人のため君のため、よく候べきことをかく申候をば、聞こし召し入れぬさまには候ぞ。この義に候はゞ、今は長くかやうのことも申候まじ。心憂く口惜しきことに候ものかな。

すなわち、「私は世のため人のため君のため、よかれと思ってやっているのに、聞こし召さないとは何事か、そのつもりなら、もう二度とこのようなことは申しません、悲しく、悔しいことじゃ」と言って、かき口説いたので、とうとう一条天皇も折れた。詮子はすぐさま、傍らにいた蔵人頭を召して、「大納言道長に太政官文書を下すようにとの仰せじゃ」

と告げた。やがて、道長の待つ所に戻って来た詮子は、袖で涙をぬぐいつつ、「御目は泣き、御口は笑み」、「はやく仰下されぬるぞ」と告げたという（以上、『愚管抄』）。

詮子の場合は、夫の死後に、母后として息子の天皇を動かして政治的な発言を行なったのである。つまり、寡婦であり、母であるという立場で政治を動かしたのであり、さきに見た穏子の場合と同様であるし、後年の政子の立場と通じる。これ以後盛んになる女院制は、時代や状況によってさまざまな立場の女院を生み出していくが、もともとは、このように、寡婦で母である立場の者に贈られた地位なのである。

十一世紀も終わりの院政期になると、貴族や天皇の家では家領が形成され、親から子へと相伝されていく。女院たちは膨大な荘園を集積して、その財力を背景に独自の世界を作り上げていく。このころから、夫が用意した家に妻が嫁取られる慣習が広まり始め、家婦の家政に対する役割が形成されてくる。また一夫一婦の結び付きが強化され、「夫婦は二世の契《ちぎり》」などと言われるようになってくる。

そこで、夫が死ぬと妻が財産をすべて管領し、子らに分配する後家の役割が始まってくる。たとえば鳥羽上皇の中宮であった美福門院は、鳥羽院の死後、所領を一括して管領し子供に分配する役割を担っている。

院政期には、天皇のきさきでも母でもない、不婚の内親王が、女院となって膨大な荘園を知行する慣習が作られ、彼女たちは、政治史の背後に隠然たる勢力を持った。美福門院の娘の八条院などはその代表的な存在である。さらに、このころには、中流貴族の娘で女房や乳母《めのと》として院政に関与する者も現われた。政子と会見をした丹後局や卿二位はそうした人々である。

下って、十四世紀の南北朝期には、女性が院政を行なったこともある。西園寺寧子《ねいし》は、北朝の後伏見天皇の妃となり、やがて女院となって広義門院《こうぎもんいん》と称した。しかし内乱の中で、彼女の子である光厳《こんごん》・光明《こうみょう》両上皇と孫の崇光《すこう》上皇が南朝方に拉致《らち》されて、北朝に院政を行なう上皇がいなくなるという事態になった時、足利義詮《あしかがよしあきら》は、広義門院の院政と彼女の孫（後光厳）の即位を要請した。広義門院はすでに六十歳で、当時としてはかなりの高齢であり、

「おまえたちがだらしないから、私の子供たちがこのような目に合うのじゃ。」

と怒りを隠さず、執政を断ったが、結局断り切れずにしぶしぶ承諾し、病気で世を去るまでの五年間院政を行なった。広義門院も、政子と同じように後家であり母であるという立場で、政治を行なったのである。

平安時代から、室町時代にかけて、女性全般が政治機構から排除されていった時代の中で、女性が政治権力を握ることができたのは、多くの場合、妻であり、母であり、そして後家という立場に立った時であった。この時代には、慈円に見られたように、思想的にも、女性全般の中で、母という存在のみが特別に尊重されるようになっていた。

政子が生きていたのは、このような、中世という時代なのであった。

日野富子の手本に

中世において、政子と並んで有名な女性政治家といえば、日野富子であろう。十五世紀の室町幕府を動かした、将軍足利義政の御台《みだい》所《どころ》、足利義尚《よしひさ》の母である。富子の場合には、夫が存命中ながら政治に背を向けていたため、自ら政治に乗り出し、さらに金銭的な利益も追求した。息子足利義尚を次期将軍にすべく画策し、応仁の乱の発端を作った。

その富子は、政子を意識することがあったであろうか。

富子が、息子の義尚に読ませるために、一条兼良《かねら》に執筆させたという書物『樵談治要《しょうだんちよう》』には、「簾中《れんちゅう》より政務をこなはるゝ事」として女性の政治活動が肯定的に論じられており、そこでは政子が大きく取り上げられている。少々長くなるが、引用しておきたい。

一、簾中より政務をこなはるゝ事。

此《この》日本国をば姫氏国《きしこく》といひ、また倭王国と名付て、女のおさむべき国といへり。されば天照太神は始祖の陰神也。神功皇后は中興の女主たり。（中略）又推古天皇も女にて、朝のまつり事を行ひ給し時、聖徳太子は摂政し給て、十七ケ条の憲法などさだめさせ給へり。其後、皇極・持統・元明・元正・孝謙の五代も皆女にて位に付く。もろこしには呂太后《りょたいこう》と申すは漢の高祖の后、恵帝の母にて、政《まつりごと》をつかさどり侍り、唐の世には則天(武)皇后と申は、高宗の后、中宗の母にて年久しき世をたもち侍り。宋朝に宣仁皇后と申侍りしは哲宗皇帝の母にて、簾中ながら天下の政道ををこなひ給へり。これを垂簾の政とは申侍る也。ちかくは鎌倉の右大将の北の方、尼二位政子と申しは、北条の四郎平の時政がむすめにて、二代将軍の母なり。大将のあやまりあることをも、此二位の教訓し侍し也。大将の後は、一向に鎌倉を管領せられて、いみじき成敗ども有しかば、承久のみだれの時も、二位殿の仰とて、義時も諸大名共に廻文をまはし下知し侍りけり。貞観政要《じょうがんせいよう》と云《いう》書十巻をば、菅家の為長卿といひし人に和字にかゝせて、天下の政のたすけとし侍りしも、此二位尼のしわざ也。かくて光明峯寺《こうみょうぶじ》の関白の末子を鎌倉へよび下し、猶子にし侍りて、将軍の宣旨を申なし侍り。七条の将軍頼経と申は是也。此将軍の代貞永元年に五十一ケ条の式目をさだめ侍て、今にいたるまで武家のかゞみとなれるにや。されば男女によらず天下の道理にくらからずば、政道の事、輔佐の力を合《あわせ》をこなひ給はん事、さらにわづらひ有べからずと覚侍り。

一条兼良はこのように、天照大神、神功皇后の神話伝承から、古代の女帝、中国の呂太后、則天武后を挙げたうえで、政子の活動をやや詳しく述べて、女性が政治を執ることの正統性を論じているのである。日野富子が、室町幕府の政治を動かして行くさいに、政子が武家政治の基本を作ったということが、その手本となっていたことがわかる。富子の場合は夫が生きていたが、彼女から見て、ペアになってともに政治をしていくに足る人物ではなかった。

女性政治家の消滅

後家・母が政治をする時代は、この後も続いた。

戦国時代、女性の戦国大名に、今川氏の当主となった寿桂尼《じゅけいに》がいる。寿桂尼は中御門宣胤《なかみかどのぶたね》の娘で、今川氏親《うじちか》に嫁ぎ、二人の男子を得た。夫の死後、若年の息子氏輝《うじてる》に代わって領国を支配し、自ら印判状《いんぱんじょう》も発行した。印判状には「帰《とつぐ》」という印文が用いられている。長子の氏輝が若くして死ぬと、出家させて寺に入れていた次子義元《よしもと》を連れ戻し、他腹《たふく》の子を推す一派と戦って勝っている。

江戸時代初期、十七世紀の前半にも、八戸《はちのへ》領主に清心尼という女性があった。清心尼は、夫の南部直政の死後、跡を継ぐべき男子がないために、後家として跡を継いで領主となり、やがて娘に婿を迎えて跡目を継がせるまでの二〇年間、清廉な治政を行なった。これが、最後の女性大名であった。

この後こうした例は、武家においては見られなくなる。大名の参勤制度によって、正妻が江戸住まいと決められたことは、大名の妻が国元の領地領民からは切り離されたことを意味しよう（江戸屋敷のきりもりをしていたとしても）。また、跡目を決めずに当主が死去すると改易《かいえき》される制度ができたことは、鎌倉時代に広く行なわれた後家による相続人の選定が、否定されたことになる。

道徳的にも、女の道、男の道が分離され、女性が政治に関与することや、夫が妻に政治向きの話をすることすらも、否定された。豊臣秀吉などはまだ、妻たちに戦さや政治のことを、さかんに手紙で知らせていたが、江戸時代の大名は、もはや、そういうことは一切しなくなってしまった。

悪女か貞女か――近代における評価

政子悪女説

筆者は、小学生のころ、伝記（当時は伝記＝偉人伝であった）の本に女性が少ないのが不思議でならなかった。たまに女性がいても、「夫人」とつくのは不可解であった。さらに、歴史の授業でも、登場する人物に女性が少ないことに疑問を抱いていた。どうやら昔の女性はおとなしくしていなければならなかったらしいということを、知識としては知っていたものの、たまたま女であった身としては、立派な女性がそんなに少ないのなら、自分も大人になってはたして思うように活躍できるのかどうか、大変関漠たる不安を抱いたものである。そんな折、男の先生が政子の話をしたので、私は大変関心を持ったのだが、これがまた大変に悪い女で、自分の権力のために二人の息子を殺した冷酷無比な女だと聞いて、まったくがっかりさせられた。テレビ『天と地と』『国盗物語』の武田信玄や徳川家康も、実は、自分の息子を殺したことが明白で、それでも世間で英雄扱いされているのに、殺した証拠が何もない政子は悪女として非難されるというダブル・スタンダードの構造には、さすがに気づくことができなかった。

一九六〇～七〇年代には、そうした政子悪女説が一般的であった。たとえば、当時、はじめて出された『学習漫画日本の歴史』（考証解説・和歌森太郎、集英社、一九六八年）では、意地悪な政子が、修善寺《しゅぜんじ》で寂しがっている頼家を「もっと寂しくさせてやろう」と言って笑っていた。

また、六〇年代に『オール讀物』に連載され、歴史上の人物は自ら弁護する自由を持たないので、世間から悪人とされる人物を判事として再評価しようというコンセプトで書かれた、海音寺潮五郎『悪人列伝』（文春文庫、一九七五年）にも、北条政子が取り上げられている。この内容は、悪女というより、女性無能力観に基づき、こんな人生を送って可哀そうに、というものである。その結論部分を引用しておく。

政子は悪人ではない。常に善意をもって婚家のためによかれと努力しつづけた人であるが、あまりにも勝気であり、賢かったために、夫の在世中にはその独占欲によって夫を苦しめ、夫の死後は子供らの圧迫者となり、ついに実家の父や弟に乗ぜられて、婚家をほろぼすに至った。これに類することは、今日でもめずらしくない。憎むより、気の毒がってやるべき女であろう。

人の世は善意だけではかえって悪となることが少なくない。政子の一生は、われわれに善意が善となるためには叡知がともなわなければならないことを教えるものであろう。

しょせん叡知のない女が賢かったり気が強かったりするとロクなことにはならない、今でもよくそういうことがある、という主張である。

このような状況から察するに、戦前の良妻賢母の時代には、政子は相当ひどく悪辣《あくらつ》に描かれていたに違いない——私は長らくそのように考えていた。

アカデミズムにおける評価

歴史学界における女性史研究は、一九二〇年代に始まり、三〇年代には活発な議論が行なわれるようになっていた。当時の社会における職業婦人の増加や、参政権運動などが影響したのであろう。論者は多く男性である。

そうしたアカデミックな女性史の著作を開いてみると、意外にも、北条政子の評価は高いのである。それらの中には、政子など歴史上の女性の生涯を淡々と叙述して、最後は平塚明子（らいてう）で終わるといった知的な趣きのものもあるが、多くは筆者の考え方や評価が濃厚に打ち出されている。

たとえば、一九二五年（大正十四）に出された中川一男『日本女性史論』（大日本図書）は、次のように評価する。

頼朝が征夷大将軍となつた時、彼の女は主として家庭を守り、一門をして華美を警《いま》しめ遊惰を抑へ、さうして夫の閨房を厳格にして武士の家庭を振粛せしめた。その風が武家全体に広がつて一般の習俗をなすにいたつたのも彼の女の力である。しかし政子が最もその手腕を発揮したのはむしろ、頼朝の死後であらう。

つまり、政子は家庭を守り、質素をこととし、夫の浮気を戒めて夫に道徳を説き、武士の家庭を健全化させ、しかも夫の死後は政治的手腕を発揮した、という武士の妻の鏡として評価されているのである。この本の最後には、当時の女性の社会進出に対する著者の見解が述べられているが、それは、女子が職業を持つと子の保育にさいしてもっとも滋味深き母乳を奪うことになる、子を生んで育てることが女性に与えられた人類の根本使命だと思うが、職業を持つ女性はその本来の使命を捨ててどうするというのか、愛を捨てて力をとるのか、などとあり、この著者が、どのような枠組みの中で政子を評価しているのかがわかるものである。

また、一九三三年（昭和八）に出された大井田源太郎『日本女性発達史』（政教社出版部）は、自分は婦人参政権には反対であるとの意見を表明しながら、鎌倉時代を次のように捉える。すなわち、武士の時代には、女性の地位は表面上は著しく低下し、政略結婚を強いられたり、引き出物にされたりするようになったが、その反面、母性を自覚せしめ、家庭というものの中に確固たる地位を自覚せしめたことは、その失を償って余りある、子を生み、子孫を教養するという女性本来の使命が認識されるようになったので、女性は内面的にはかえって幸せになっただろう、というのである。そのうえで、政子を次のように評価している。

政子は大いに内助の功を挙げると共に、閨門の振粛に努める所があつた。そして後、尼将軍となるや自ら女性の範となり、且つ女徳を実践奨励した。武士的精神の粋を武士道といふならば、これは婦道若《もし》くは婦徳と呼ばれるべきものである。かくて、婦道発達の工作はなり、やがて大姫公や松下禅尼のやうな傑出した武士的女性が輩出するのである。

こうした部分だけを取り出すと、あまりアカデミックな感じがしないが、これらの著述は、あくまで史料を用いた実証的な叙述を積み重ねたうえで、このような評価をしていることを、一応、付け加えておく。

ともあれ、一九二〇年代、三〇年代のアカデミズムにおいて、政子は高く評価されていたのだが、かなり無理して、良妻賢母、貞操観念、武士道精神といった後世の価値観にはめこんでいるのが特徴である。

こうした評価は、江戸時代に水戸光圀が編纂させた『大日本史』が、

政子、厳毅果断、丈夫の風あり。（巻二二四、列伝五）

と記して、その事績を簡略ながら列挙し、武士の妻のあるべき姿として評価する姿勢を示した、流れの中に位置づけられるであろう。

次に、小学校の日本歴史の教科書を中心に、学校教育における政子像の変遷を見てみよう。

小学教科書の叙述

近代初期に作られた学校の歴史教科書は、基本的に、『大日本史』などの江戸時代の漢文体の史書をベースに作成されたようである。

初期のころの和装本の小学教科書は、今から見ると、とても小学校の教科書とは思えな

いような難解な代物である。一八七二年（明治五）の『史畧』（文部省）には政子は見えない。一八七九年（明治十二）の『小学日本史略』（伊地知貞馨編輯、有恒斎版）になると、「順徳天皇」の章に、

政子政ヲ聴ク、政子ハ頼朝ノ室、時政ノ女ナリ、頼朝ヲ佐《たす》ケ天下ヲ定ム、将士畏服シ、尼将軍ト呼フ。

との一文がもうけられている。

また、一八八一年（明治十四）の『新編日本略史』巻之三（笠間益三編、金華堂文光堂合併版）には、政子の死亡時の記事が次のように書かれている。

嘉禄元年乙酉一千八百八十五年七月、故征夷大将軍頼朝ノ配北条氏薨ス。政子政ヲ聴クコト七年、世ニ尼将軍ト称ス。又位二位ニ至ル、故ニ亦二位禅尼ト謂フ。

ここでは、政子の執政期を七年間、つまり本書で論じたように、実朝の死から自身の死までの期間と捉える視点があった。

さらに、一八八八年（明治二十一）の『小学校用日本歴史』（山県悌三郎編、学海指南社）にも、

而《しか》シテ政子親ク政ヲ聴ク、世之《これ》ヲ尼将軍ト云フ。年六十九ニシテ薨ズ。政子性厳毅ニ

教科書の挿絵
（『小学校用日本歴史』学海指南社、1888年より）

> シテ果断ナリ、丈夫ノ風アリ、諸将皆之ニ畏レ服セリ。兵戦ノ事起ルニ当リ、能ク群議ヲ決シテ禍難ヲ定ム。北条氏ノ業ヲ興スモノハ、政子アルニ因レルナリ。

と、『大日本史』をそっくりそのまま引き写したような記述が見られ、政子が演説する場面の挿絵まで描かれていた。

　このように、大日本国憲法発布に先立つ時期の、和装本の教科書の、江戸以来の漢学の素養に基づく文章では、政子の活動にページがさかれ、評価がなされていた。

　ところが、この後、教科書が人物伝のつなぎ合わせというスタイルを採るようになると、政子は教科書から消えてしまうのである。『日本教科書大系』をめくると、前記の『小学校用日本歴史』と同じ山県悌三郎が一八九二年（明治二十五）に著した『帝国小史』（文学社）あたりから、小学歴史教科書は人物伝のつなぎ合わせというスタイルを採るようになり、以後、道徳教育の色彩を強く帯びるようになっていくが、そのさいに、政子は選ばれなかったのである。そこでは、頼朝、義経伝の次に、元寇と北条時宗伝がくる構成になっていて、政子は飛ばされている。大日本帝国の児童が学ぶべき道徳的人物とは見なされなかったのであろう。

国定教科書になり、人物だけでなく、政治史も叙述されるようになっても、幕府が朝廷と戦争をした承久の乱は小学校では教えられず、やはり政子は出てこなかった。

ただし、指導書では、たとえば一九三六年（昭和十一）の『小学国史教師用書』中巻（文部省）に、

政子は性明敏にして、夙《つと》に頼朝の創業にあづかりて内助の功多く、寡婦となりて薙髪《ちはつ》したる後もなほ身を以て政局に当り、果断を以て紛争を裁決し、将士を懐柔して声望を集め、世に尼将軍と呼ばる。

とあって、挿絵まで入っているように、さきに見たアカデミズムにおける評価、あるいは江戸以来の漢学的な知識による肯定的な政子観が、教師の知識教養とされていたことがわかる。

そしてまた、驚くべきことに、政子はなんと模範的な女性として、女学校の教科書に載ったこともあったのである。一九三三年（昭和八）の文部省検定『新体女子日本歴史』（八代国治著、三上参次訂補、冨山房）には、次のように書かれている。

女学生の模範とされた政子

政子は性質が剛強果断で男子に劣らないほどに意思が強く、頼朝の成功も半ばはその内助の力によることが多い上に、操が頗る正しかつた。かつて頼家がまだ幼くて頼朝に従ひ、狩に臨んで一矢で鹿を射殺した時、頼朝は喜んだが、政子は喜ばないで「頼家は幼くても将軍の子です。鹿を殺したくらゐのことは決して功名とは言へません。」と言つたさうである。また頼朝が義経の愛した静《しずか》を殺さうとした時、これを諫めたとも名高い話である。

昔の教科書は、人物に善悪の評価をするのが常であるが、ここで政子は「善玉」である。承久の乱で朝廷を敗り、上皇を島流しにした事実は、すべて義時が悪いことになった。

今、私の手元に女学校の修身の教科書がある。一九四一年（昭和十六）の『新制女子修身要義』（西晋一郎著、中等学校教科書株式会社刊）というもので、読んでみると、結婚にさいしては相手の知能や身体や家庭関係をよくよく調査せよ、などと説いている、とんでもない道徳の教科書である。しかし、ここで特に「日本女性史概観」といった章がもうけられているのが興味深い。五ページしかないので、人物などは登場しないが、「武家時代と女性」として、

一般に武家時代に於て、最も大切なものは、実に武力である。かやうな時代に於ては、女子が比較的低く見られるのは、自然であるといはねばならぬ。しかも尚、武士の妻たり母たるものといふ厳然たる観念のあつたことは、誠によく日本人の気象を示してをる。これは現代女性の学ぶべき所である。

と書かれていて、政子の活動などが想定されていると思われる。戦争中に出された教科書であるから、武家時代に同時代を重ね合わせているのだろう。

このように、北条政子＝良妻賢母説は、なんと女学校の修身の教科書に取り入れられ、「正統」的な解釈とされていった。強く、賢い女性が、あくまで内助と良妻賢母の枠の中にとどまりつつ、自立して政治参加していくというイメージは、はじめて「家の外」で仕事ができると、勇んで国防婦人会に参加した多くの女性が抱いた幻影と重なるように思う。肯定的に評価された女傑政子像は、女性たちに勇気を与えると同時に、女性を総力戦体制に動員する役割の一端を担ったことは否定できないだろう。

つまり、歴史上の人物を、私たちの都合のよいように、現代風に解釈すると、思わぬ結果を招く場合もあるということを、われわれはよく覚えておくべきなのである。

戦後の評価　戦後になると、新たな解釈として、政子を新興在地領主・武士階級の代表的人物と捉え、貴族的な頼朝との矛盾を指摘する視点が提示された。永原慶二「北条政子」(川崎庸之・佐山済編『日本歴史の女性』御茶の水書房、一九五三年)は、こうした視点の優れた業績であろう。ただし、武士の時代になったために意思の強い勇敢な女性が現われたとする視点は、戦前からの継承である。

政子の伝記では、戦前のアカデミズムの豊かな遺産の上に立ち、共感しつつも客観的な描写のなされた優れたものが登場した。代表的なものに、渡辺保『北条政子』(人物叢書、吉川弘文館、一九六一年)がある。また、一九七〇年代になって刊行され始めた一般市民向けの女性史シリーズは、いずれも人物伝を集めたものであるが、その中で、和歌森太郎・山本藤枝『武家を動かす女性』(日本の女性史3、集英社、一九七四年)などは、この流れの中に位置づけられる。

しかし、教科書・児童読み物・参考書など、子供の教育に関わる書籍では、政子の影は極めて薄くなった。戦後の歴史教育の中で、政子はあまり語られなくなったのである。それは、戦後になっても、歴史を動かしたのはあくまで男で、政子といえど、実際の政治は義時あたりがやっており、単に歴史に彩りを添える存在でしかないと考えられたからであろう。

有名な国定教科書『くにのあゆみ』（文部省、一九四六年）では、

頼朝が死んだのちは、妻の政子とその一族北条氏が、幕府の実権をにぎりました。政子の父北条時政は、……

とあり、政子の名は、単に頼朝と北条氏をつなぐ人物として記されるようになっている。現在の高校日本史教科書界のブランドである、石井進・笠原一男ほか『詳説日本史』（山川出版社）でも、

頼朝の妻政子の父である北条時政は、将軍頼家を廃して、弟の実朝をたて、幕府の実権をにぎった。

という一文にのみ政子が登場するようになっていて、単に男たちの関係を説明するためにのみ記されているのである。

こうして見てくると、しかし、アカデミックな歴史研究や国家公認の教科書において、政子悪女説はあまり見当たらないのである。『大日本史』も、「政子性妬忌、頼朝畏憚之」としながらも、「政子厳然果断、有丈夫之風」と称えている。政子悪女説は、どうやら、もっと大衆的な所から出てきたフシがある。

政子悪女説はどこから？

江戸時代の民衆の間で、尼将軍政子の活躍は、広く人口に膾炙《かいしゃ》したらしい。例えば、式亭三馬『浮世風呂』では、金持ちの息子で放蕩《ほうとう》ゆえに若隠居させられた「衰微さん」のセリフとして、「女房は尼将軍の差図で里へ預づけたのさ」（巻之中）というのがある。ここでは、どうにも頭の上がらないコワイおっかさんを指して言っているのであり、悪口ながら、ある種の親しみもあるかもしれない。

また、農村の民衆の歌を集めた『山家鳥虫歌』でも、佐渡の子供の遊びに、手を寄せて数える「鬼の皿」というものがあり、その時に歌われる数え歌に、

だいどのだいどのだいが娘はかぢわら、あめうじ盲が杖を突いて通る所を、さらば寄ってつい退け

と言うのがあり、それは頼朝の時代に威を振るった人を数え上げるものだという。すなわ

ち、「だいどのだいどの」は、御台殿すなわち政子を指し、一にも二にも政子であるという意味で繰り返されている。「だいが娘」は大姫、次は梶原。「あめうじ」（安明寺）は牧の方の一族で盲目で御伽をした才智の人というが、伝説的人物であろう。

このように、江戸時代の人々の間で、政子は、絶対的な権力を持つ母親、おっかない女のイメージで捉えられていた。そして、その一見軽い、揶揄《やゆ》するような調子の言い方の裏には、権力者に対する反感が、「女のくせに権力を持つ者」に対する反発となって潜んでいるように思われる。

『吾妻鏡』は、頼朝の死の前後の記録をすっぽり欠落させている。この点について、江戸時代になると、政子が頼朝を暗殺したという説が作られ、流布されていく。

戦前の富士川游氏の研究によると、江戸時代の随筆には頼朝の死因についての多くの考証がある。その一つに、次のようなものがある。ある時、頼朝は政子に、御家人の中で誰が一番美男であるか尋ねた。政子は畠山重忠にまさる者はいないと答えた。そこで、頼朝は、政子が畠山重忠に懸想しているのではないかと疑い、夜、畠山に変装して政子の寝所に忍び込むと、怒り狂った政子は長刀《なぎなた》で頼朝を一刀のもとに斬り殺した。

この話では、頼朝の方があまりにも愚かな人物として描かれていて、政子は少しも悪くないのだが、他にもいろいろなストーリーが作られ、政子の側に、「夫を殺した女」のレッテルが貼られ、イメージが定着していく。そして、今もなお、根拠のないウワサとして、政子の頼朝暗殺説は世間で生き続けていて、時々見かけることがある。

政子への同情

以上に見てきたように、『大日本史』以来の漢文世界から近代のアカデミズム、修身教科書に至る「四角い」硬派路線では、政子の事績が武士の妻のカガミとして高く評価されていた。その一方、戯作や江戸期随筆など、仮名書きの、より本音が現われる世界で、政子を悪女として扱う傾向が強かったと思われる。そして、この二つの流れは、現代まで続いてきた。

一例を挙げると、戦後に書かれた吉岡修一郎『物語日本女性史』（十月書房、一九四七年）という本は、政子を擁護する立場から、次のように述べている。

おてんばで、強情で、かかあ天下で、ヤキモチヤキで、その上、承久の乱などではまッ正面から朝廷に反抗した女、そういふ手に負へないあばずれ女としてこの北条政子を考へるなら、それほどひどい偏見はありません。ところが現在多くの歴史書が、大抵さういふ偏見で以て政子を批評し、侮辱してゐるために、世間一般が、世にも珍しい女傑を完全に誤解してゐるのです。

また、篠原豊『隠れたる史実　日本裏面史』（一九三三年、荘人社）でも、政子を擁護する立場から、ある書に思い切った批判があるとして、「彼女は唯の女子に通有なる虚栄心を多量に有し」「がらにもなき男の事を為《な》して、その器にあらざる器を無理に用ひ」「神力を過度に消費したるが故に、病的となりたる」「ヒステリー性の病的婦人也」といった内容の長文を引用している。これは、一人北条政子のみならず、女性全般に対する人格的な中傷とも受け取れる。

ここに見られるように、政子悪女論は、根強い底流となっていたのである。

さらに、戦後になると、政子に対する同情論が目だってくる。さきに挙げた海音寺潮五郎『悪人列伝』の記述のように、女なのに権力を持つ宿命を負い、子供を失ってかわいそうだ、という論調である。たとえば、林屋辰三郎編『紅と紺と　日本女性史』（朝日選書、一九七六年）にも、

夫の死後、わが子頼家（二代将軍）実朝（三代将軍）を横死させるようなはめになっても、武家政権の基礎を固めるために、尼将軍として生きて行かねばならなかったのが、政子の宿命だったのだ。

とある。

戦後は、歴史上の権力者全般、あるいは権力そのものに対して批判的な眼差しを向けることが多くなったが、しかし、そこで、「権力を持ってかわいそうに」と同情される人物は、そんなに多くない。徳川家康も武田信玄も自ら長男を死に追いやっているが、誰も、かわいそうな人だとは言わない。政子が、権力の重さと非情さに耐えねばならなかった宿命の人として同情されるのは、女性だからであろう。女性であれば、権力などを持つより、「頼もしい夫」と子供たちに囲まれて平凡な人生を歩むことこそ幸せ（女性とはそもそも平凡なもの）、とする考え方が前提とされているからである。つまり、同情論は、悪女説をひっくり返しただけのことで、根は同じ女性観（あるいは裏返しとしての男性観）に基づいているのである。

ＮＨＫの大河ドラマで、政子がブラウン管に登場したことは、私の知っている限りでは二回ほどある。一つは『新平家物語』で、脇役ながら、栗原小巻演じるりりしい政子であった。もう一つは、永井路子氏の『北条政子』等を原作とし、頼朝と政子を主役とした『草燃える』である。ここでも、政子は岩下志麻という配役で、りりしいはずであったのだが、原作自体の持つ性格に加えて、主役を善人にしようとするドラマ側の意図もあって、政子は「伊豆の田舎豪族の娘」という性格を生涯にわたって付与された、土くさい、非政治的な人物とされ、周囲の、なぜか洗練された陰謀家阿波局や非情な義時におしながされて、権力の座に否応なく着かされる、気の毒な存在として描かれていた。大河ドラマの主役を悪女にするわけにはいかないのであろうが、政子は本当は平凡な女、無理に政治をさせられてかわいそうな女だった、という同情論の立場に立ったドラマであった。

これらの政子はしかし、映像的には、非常に立派で、りりしく、美しい。これらの映像からは、世間の人が政子に期待するもう一つのイメージ、すなわち、なぜか「女帝」には美貌を求める心理を反映しているようにも思われる。

さて、以上に、近現代における政子の評価について見てきた。歴史上の人物についての評価は時代によって変化する。時代によって視点が変わるのは当然であるとしても、それぞれの時代の政治やイデオロギーの都合に合わせた恣意的な解釈や、善玉悪玉の審判は、歴史像を歪め、時には世の中を扇動することすらあることを改めて確認しておきたいものである。

身体とライフサイクル――エピローグ

北条政子にいざなわれた中世の旅も終わりに近づいた。他の多くの中世人たちと同じように、政子は激しさとこだわりをもって人生を駆け抜けて行った。最後に再び、政子に登場してもらい、中世女性のライフサイクルについて考えてみたい。

出産と出家

中世女性の人生において、出産と出家は人生の重要な節目であった。政子の場合、その出産年齢は、二十二歳ごろ（大姫）、二十六歳（頼家）、二十九歳ごろ（乙姫）、三十六歳（実朝）である。三十六歳というのは、当時としてはかなり高齢であり、しかも、長子の大姫と第四子の実朝とは、実に十四歳もの開きがある。政子は、およそ一五年の間、妊娠・出産という、女性の性に関わる大役を果たしていたのである。ただし、この時代の上層身分の常として、乳母による乳付けが行なわれ、自ら授乳することはなかった。

そして、政子が出家して尼となったのは、夫頼朝の死が契機である。それは四十三歳の時であり、以後は男性との性愛関係は持たずに過ごしたはずである。すなわち、結婚の後、政子は生涯ただ一人の男を守り通したのであり、であればこそ、頼朝の不倫には烈火のごとく怒ったわけである。

平安王朝時代の出家

このような政子のライフサイクルは、平安中期ごろの、摂関政治盛んなりしころの女性の生き方と比べると、大きな違いがみとめられる。

まず、出家ということの意味が、この間に大きく変わった。平安王朝時代の女性は、夫がまだ存命中に、自ら選んで出家をすることが多かった。それは夫婦の性生活を終え、いわば老後の生活に入るための出家であった。ここでは、女性たちは自ら決意をして、その時期を選び、出家したのである。その年齢は、多くの場合、三十代であった。物語の世界の中では、しばしば、女性の結婚年齢は十六歳とされ、「三十床去り」つまり三十歳で夫との性生活を終えるように書かれている。しかし、これはあくまで虚構の世界の話であって、実際には、結婚の開始年齢も終了年齢もそこまで若いことは少ないようで、全体に五歳ほど、さばをよんでいるようだ。

『かげろう日記』の作者（藤原道綱母）は、三十八歳の時、かねてからうまくいかなかった夫兼家との関係を解消した。また、『紫式部日記』には、紫式部が三十八歳になった時、出家するのに適当な年齢になったと思ったと書かれている。逆に、いつまでも出家をせず、夫との性愛関係にしがみついている女性は、世間から嘲笑されたようで、十世紀に成立した『新猿楽記《しんさるごうき》』では、六十歳を越えてなお夫との性愛関係を取り戻すべく怪しげな呪法に凝っている「第一の本《もと》の妻《め》」は、「すべからく雪の髪を剃り除《おと》して、速《すみや》かに比丘尼《びくに》の形と成るべしといへども、しかもなほ露命に愛着して、生きながら大毒蛇の身となれり」と酷評されている。もちろん、中には、藤原道長の正室源倫子《りんし》のように、二十四歳から四十三歳までの間に五人の子を生み、九十歳の長寿を全うした人もいるので、個人差が極めて大きく、一概には言えないところがある。

後家が出家する時代

摂関期から院政期に移るころから、貴族社会で、妻が夫の死を契機として出家する例が見え始める（勝浦令子『女の信心』）。後三条天皇の妻が夫の死を契機に出家したのは、その早い例である。ただし、その変化は急激なものではなかった。鳥羽上皇の后宮たちの場合には、一人目の后宮の待賢門院《たいけんもんいん》（藤原璋《しょう》子《し》）は、その寵愛と権勢を後から来た美福門院《びふくもんいん》（藤原得子《とくし》）に奪われて、上皇が出家した翌年に仁和寺で出家を遂げた。夫の死によって出家したのではないのである。しかし、美福門院の場合は、夫鳥羽の死とともに出家をし、そして夫の所領財産をすべて引き継いで相続し、管理した。夫婦の墓も同じ安楽寿院《あんらくじゅいん》に並べて建てた。つまり美福門院は、天皇の后妃の中ではじめての中世的後家尼であるといえよう。

寡婦《かふ》の出家は、「二夫にまみえず」の意思を世間に示すものであったと考えられる。『御成敗式目』には、後家に関する次のような条文がある。

一、夫の所領を譲り得たる後家、改嫁《かいか》せしむる事

右、後家たるの輩《ともがら》、夫の所領を譲り得ば、すべからく他事をなげうちて亡夫の後世を訪ふべきの処、式目に背く事その咎《とが》なきにあらざるか。しかるにたちまち貞心を忘れ、改嫁せしめば、得るところの領地をもつて亡夫の子息に充て給ふべし。もしまた子息なくば別の御計らひあるべし。（二十四条）

この条文は、亡夫の所領を知行する後家が再婚した場合、所領をそのまま知行し続けてはならず、亡夫の子息に譲るべきである、という内容だが、その根拠は、後家たるもの、「他事をなげうちて亡夫の後世を訪ふべき」であるという、亡夫への貞操にあった。夫の

死を契機とした出家に、二夫にまみえずという意味があったことは間違いない。院政期ごろから、一夫一婦の結び付きが強化され、「夫婦は二世の契り」などと言われるようになった。寡婦を「後家」と呼んで、夫亡き家の代表者とする習慣が、ちょうどこのころに開始された。後家の出家とは、再婚せず夫の家を引き継ぐ者の表象・標識でもあったのである。こうした後家尼の地位は、政子のころの東国武士社会には早くも確立していたのである。それゆえ、尼将軍が人々に認められたのだと考えられる。

以上に見てきたような出家の意味の変化は、女性のライフサイクル全体に、大きな影響を与えたのではないだろうか。

ライフサイクルの変化

平安王朝時代の女性は、自ら、性生活・妊娠・出産という営みから退いて、老後の生活に入る時期を選択した。それが中世になると、できなくなったのである。つまり、妊娠・出産をいつ辞めるのか、自分で決めることができなくなったということである。そうなると、自身の身体的なコンディションに反して、高齢で出産しなければならない状況も出てくるのではないだろうか。たとえば、一一九〇年（建久元）、頼朝の妹である一条能保室が難産のために死去し、政子は「殊に嘆息」（『吾妻鏡』）したということだが、この時、一条能保室は四十六歳であったという。四十六歳というのは現代でも出産には高齢とされる年齢で、当時としてはかなり危険だったのではなかろうか。自分自身で危ないとは思わなかったのだろうか。

平安王朝時代から鎌倉時代へ、家族制度の変化に伴う女性の出家の変化が、女性の出産と身体にどのような影響を及ぼしたのか、それは残された課題である。女性が、自ら出産を辞める時を選択できなくなったということは、女性の身体にとって負担が増大したことであろう。しかし、そうしたリスクを負いつつも、健康と地位に恵まれて後家になるまで生きた人だけは、家の長として活躍できたのである。

政子の肖像

ところで、政子はどのような顔をしていたのであろうか。

政子の肖像は、鎌倉安養院に一体、北条政子坐像という像がある。しかし、これは残念ながら江戸時代の作で、意思の強さは表現されているものの、白塗りの顔をした硬い像であり、政子の面影を伝えているとは言いがたい。また同じく安養院にある、神像彫刻を思わせる木製の女性坐像を政子とする説もあるが、政子の肖像かどうか疑問である。

本書二頁に載せた写真は、政子の故郷伊豆の願成就院所蔵の地蔵菩薩坐像で、鎌倉時代に作成されたものである。その像底には、次のような朱書銘がある。

政子大尼公
伊豆国北条願　院**安置**地□
本願□□
檀那　□**時房**
寛喜　□月
□□□□　敬白□
追福菩提

（特別展『頼朝と鎌倉文化』図録より）

銘によれば、この像は、寛喜年間、おそらく一二三一年（寛喜三）の政子の七回忌の追福に、北条時房が造立したものという。そうであれば、この像を政子の面影に似せて作った可能性が出てくる。しかし、残念なことに、太字で示した部分はすべて後代の加筆ということで、この銘が事実を伝えているか否かはかなり疑わしい。それでも、十三世紀に運慶派の仏師が造立したもので、政子と近い時代に近い場所で作成された像には違いない。

この像に政子の面影を見ることは可能だろうか。もし、政子のために造られたのではないにせよ、地蔵菩薩は、僧形で現され、母神のイメージを負う。その意思的な表情に、鎌倉時代の多くの後家尼たちの面影を見ることは、少なくとも可能だと思う。

参考文献

『吾妻鏡』(新訂増補国史大系、吉川弘文館、一九八〇年)
石井進『中世武士団』(日本の歴史一二、小学館、一九七四年)
石井進「都市鎌倉における地獄の風景」(御家人制研究会編『御家人制の研究』吉川弘文館、一九八一年)
今谷明『室町の王権』(中公新書、一九九〇年)
円地文子監修『人物日本の女性史』三(集英社、一九七七年)
奥富敬之『鎌倉史跡事典〈コンパクト版〉』(新人物往来社、一九九九年)
奥富敬之『源頼朝のすべて』(新人物往来社、一九九五年)
海後宗臣編『日本教科書大系　近代編』一八〜二〇巻(講談社、一九六二〜六三年)
勝浦令子『女の信心』(平凡社、一九九五年)
五味文彦「聖・媒・縁」(女性史総合研究会編『日本女性生活史』二、一九九〇年)
佐野美術館『頼朝と鎌倉文化』(一九九一年)
総合女性史研究会編『日本女性の歴史——性・愛・家族』(角川書店、一九九三年)
田中貴子『聖なる女』(人文書院、一九九六年)
田端泰子『女人政治の中世　北条政子と日野富子』(講談社現代新書、一九九六年)

千葉徳爾『狩猟伝承研究』（風間書房、一九六九年）
鶴岡八幡宮源頼朝公八〇〇年祭記念『源頼朝公展』（一九九九年）
永井路子『炎環／北条政子』（講談社、一九八七年）
永原慶二「北条政子」（川崎庸之・佐山済編『日本歴史の女性』御茶の水書房、一九五三年。のち『中世成立期の社会と思想』所収、吉川弘文館、一九七七年）
西岡虎之助『日本女性史考』（新評論、一九七七年）
野口実『武家の棟梁源氏はなぜ滅んだのか』（新人物往来社、一九九八年）
野村育世「政治権力を握った女性たち」（女性史総合研究会編『日本女性の歴史――女のはたらき』角川書店、一九九三年）
野村育世「北条政子の政治的位置」（『歴史と地理』四八一号、一九九五年）
比較家族史学会編『事典家族』（弘文堂、一九九六年）
服藤早苗『平安朝　女性のライフサイクル』（吉川弘文館、一九九八年）
富士川游「源頼朝の死因」（『歴史公論』二―七、一九三三年）
細川涼一「源実朝室本覚尼と遍照心院」（脇田晴子／S・B・ハンレー編『ジェンダーの日本史』上、東京大学出版会、一九九五年）
峰岸純夫編『中世を考える　家族と女性』（吉川弘文館、一九九二年）
山本幸司『頼朝の精神史』（講談社選書メチエ、一九九八年）
吉川英治『新平家物語』（講談社文庫、一九八九年）

渡辺保『北条政子』（人物叢書、吉川弘文館、一九六一年）
脇田晴子『中世に生きる女たち』（岩波新書、一九九五年）
脇田晴子編『母性を問う　歴史的変遷』上・下（人文書院、一九八五年）
脇田晴子・林玲子・永原和子編『日本女性史』（吉川弘文館、一九八七年）

北条政子関係系図

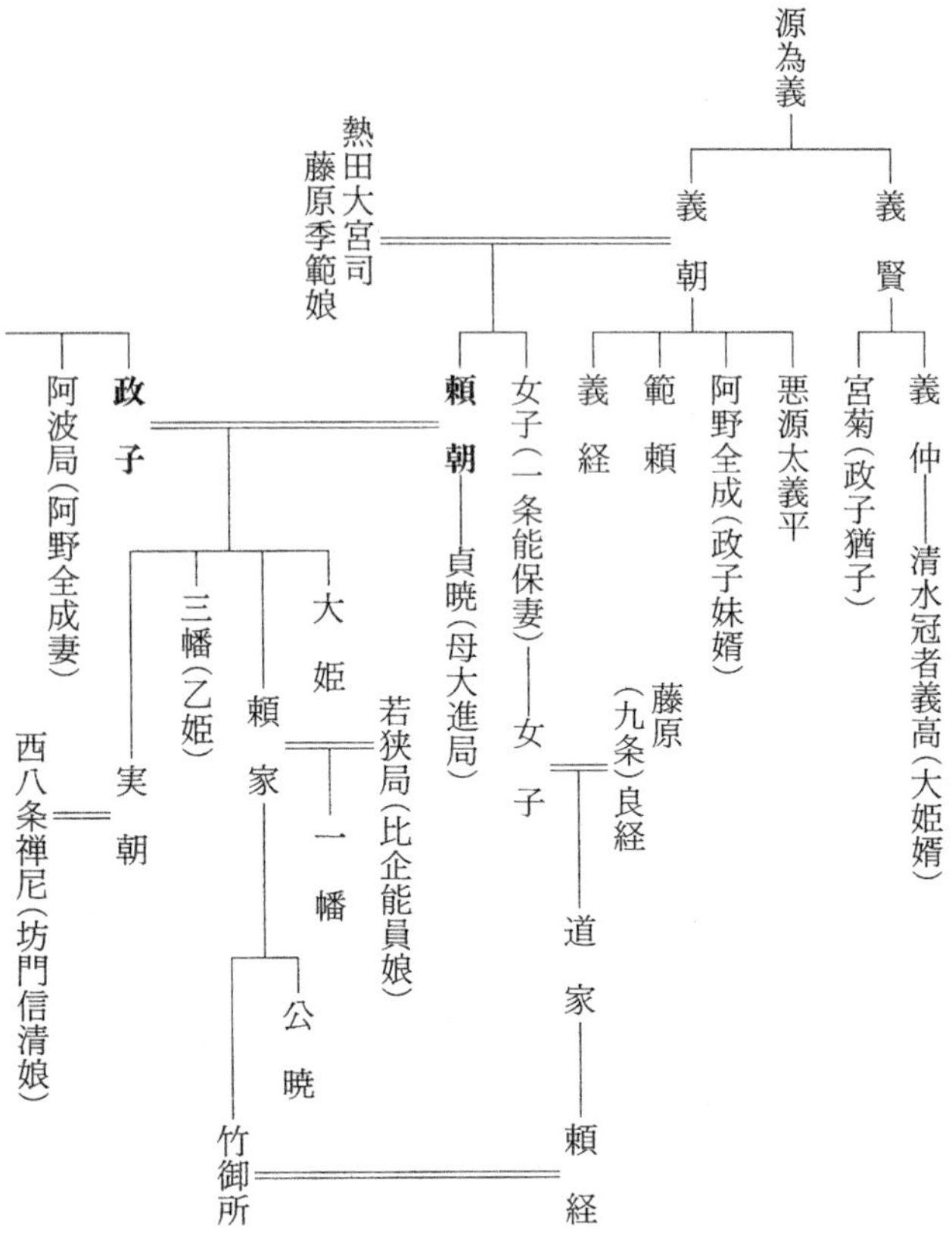
源為義
義賢
義朝
義仲
清水冠者義高（大姫婿）
宮菊（政子猶子）
悪源太義平
阿野全成（政子妹婿）
範頼
義経
熱田大宮司藤原季範娘
女子（一条能保妻）
女子
藤原（九条）良経
道家
頼経
頼朝
貞暁（母大進局）
政子
阿波局（阿野全成妻）
大姫
一幡
若狭局（比企能員娘）
頼家
公暁
竹御所
三幡（乙姫）
実朝
西八条禅尼（坊門信清娘）

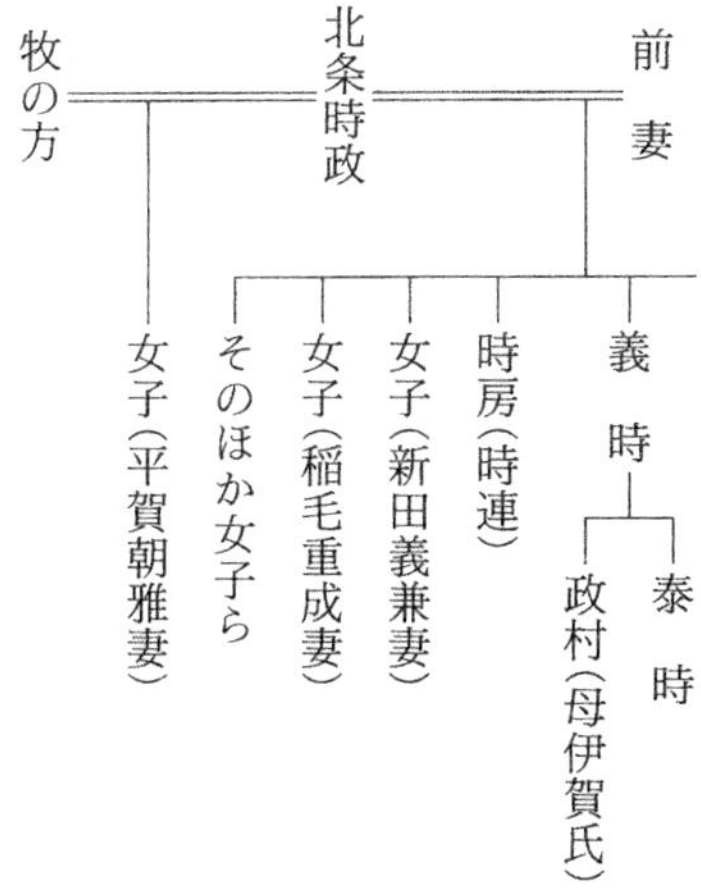
前妻
北条時政
牧の方
義時
泰時
政村（母伊賀氏）
時房（時連）
女子（新田義兼妻）
女子（稲毛重成妻）
そのほか女子ら
女子（平賀朝雅妻）

あとがき

本書の目的は、北条政子の一生を通して、中世という時代の社会のしくみや人々の心性を描き出すことにあった。したがって本書の主役は、政子一人ではなく、その背後にいる大勢の中世人たちである。

つまり、政子はもともと狂言回しのつもりだった。だが、実際に筆を進めるにつれ、北条政子という個性が勝手に輝き出してしまった。しかし、政子にあまりいいかっこうをされると、私の嫌いな「英雄史観」のようになってしまう。そこで、政子について語る営みそれ自体を相対化するために、最後の章「歴史の中の北条政子」をつけ加えた。しかし、歴史の中の政子の評価については、いまだ試論の域を出ておらず、今後、さらに詳しく検討する必要があろう。

今回、政子について書くことになった時、困ったのは、史料の問題だった。政子の伝記は、そのほとんどを『吾妻鏡』に依拠しないと書けないのだが、『吾妻鏡』は、後の北条氏の手によって、幕府に残る記録をもとに編纂された書物なので、客観的な事件の記録以外に、北条氏に都合よく脚色された記事や、すでに伝説化したエピソードが混在しており、史料批判が難しい。特に、政子は、後の北条氏にとっては「始祖」的な存在なので、記事の一つ一つがかなりの脚色を経ていることは否定できない。言うまでもなく、史料批判は、極力行なわれねばならない。ただし、本書の目的は、政子の生涯の記録を通じて、中世の人々の意識や人間関係に迫ることなので、『吾妻鏡』の記事を、最初から虚構として捨て去るのではなく、客観的事実と脚色との双方を含む、鎌倉の人々の政子に関する記憶の集大成と捉え、検討するように努めた。

また、本書では、政治史における政子の位置や、政子の政治ヴィジョンについては触れられなかった。たとえば、大姫入内の真の目的であるとか、『吾妻鏡』に暗愚に描かれている頼家の政治方針と政子との対立、また、京都に接近し続ける実朝の政治方針や、皇族将軍擁立を望む政子の政治構想などである。これらについては、すでに様々な議論がなされているが、本書では言及しなかった。また別の機会に論じることにしたい。

なお、叙述の中で、政子の台詞《セリフ》は「―だ」で終わるようにした。東国人らしさを出すためのささやかな工夫である。

昨一九九九年は、頼朝が死んで八〇〇年目に当たっており、鶴岡八幡宮では「源頼朝公展」が行なわれ、大英博物館所蔵の肖像画が展示されるなど、注目すべき催し物があった。そこで、久しぶりに鎌倉を訪れた。いささか冷房の効きすぎた横須賀線の車両からホームに降りると、鎌倉は暖かな潮の香につつまれていた。八幡宮では、政子の書状が展示され、また、政子のものであったという、かわいい螺鈿《らでん》の鳥をあしらった金蒔絵の手箱が現代の匠の手で復元、展示されていた。政子が後家になってから八〇〇年の歳月が流れたのである。

私が、鎌倉に足繁く通ったのは、高校二年の夏のことだった。仲間とともに、切り通しの坂を上り、こぼれ落ちた葛の花を踏み、谷の奥のやぐらを尋ねた。戦争中に掘られた防空壕にまで入った覚えがあるので、文字通り、隅から隅まで探検していたのである。歩きながら、友人と多くのおしゃべりをしたが、ある時、「政子って女の人にはすごく気をつかうよね」と話しあった。その会話が私の頭に刻まれて、長い間、寝かされて、発酵して本書になったので、友人にはお礼を言わねばなるまい。

あの夏、私は、鎌倉時代の人々、特に女性たちに関する本をいろいろと読みあさる中で、それまで好きだった歴史小説やドラマに限界を感じ、永原慶二氏の「北条政子」の方に共感を覚え、自分自身も、小説でない歴史を書いてみたいと思ったものである。
そんなわけで、政子とのつき合いも、もう大分、長くなった。

二〇〇〇年の春

野　村　育　世

著者紹介

一九六〇年、東京都に生まれる
一九九二年、早稲田大学大学院文学研究科博士後期課程満期退学
現在、女子美術大学付属高等学校・中学校教諭

主要論文

鎌倉時代の古文書にみる女性の仏教認識・心性（『仏教史学研究』三九―一）　イエと親族をめぐる試論（鎌倉遺文研究会編『鎌倉時代の社会と文化』）

歴史文化ライブラリー
99

北条政子
尼将軍の時代

二〇〇〇年（平成十二）八月一日　第一刷発行

著者　野《の》村《むら》育《いく》世《よ》

発行者　林　英男

発行所　株式会社　吉川弘文館
東京都文京区本郷七丁目二番八号
郵便番号一一三―〇〇三三
電話〇三―三八一三―九一五一〈代表〉
振替口座〇〇一〇〇―五―二四四

印刷＝平文社　製本＝ナショナル製本
装幀＝山崎　登

歴史文化ライブラリー

1996.10

刊行のことば

現今の日本および国際社会は、さまざまな面で大変動の時代を迎えておりますが、近づきつつある二十一世紀は人類史の到達点として、物質的な繁栄のみならず文化や自然・社会環境を謳歌できる平和な社会でなければなりません。しかしながら高度成長・技術革新にともなう急激な変貌は「自己本位な刹那主義」の風潮を生みだし、先人が築いてきた歴史や文化に学ぶ余裕もなく、いまだ明るい人類の将来が展望できていないようにも見えます。このような状況を踏まえ、よりよい二十一世紀社会を築くために、人類誕生から現在に至る「人類の遺産・教訓」としてのあらゆる分野の歴史と文化を「歴史文化ライブラリー」として刊行することといたしました。

小社は、安政四年（一八五七）の創業以来、一貫して歴史学を中心とした専門出版社として書籍を刊行しつづけてまいりました。その経験を生かし、学問成果にもとづいた本叢書を刊行し社会的要請に応えて行きたいと考えております。

現代は、マスメディアが発達した高度情報化社会といわれますが、私どもはあくまでも活字を主体とした出版こそ、ものの本質を考える基礎と信じ、本叢書をとおして社会に訴えてまいりたいと思います。これから生まれでる一冊一冊が、それぞれの読者を知的冒険の旅へと誘い、希望に満ちた人類の未来を構築する糧となれば幸いです。

吉川弘文館

〈オンデマンド版〉
北条政子
尼将軍の時代

歴史文化ライブラリー
99

2017年（平成29）10月1日　発行

著　者　野《の》村《むら》育《いく》世《よ》
発行者　吉川道郎
発行所　株式会社　吉川弘文館
〒113-0033　東京都文京区本郷7丁目2番8号
TEL　03-3813-9151〈代表〉
URL　http://www.yoshikawa-k.co.jp/

印刷・製本　大日本印刷株式会社
装　幀　清水良洋・宮崎萌美

野村育世（1960～）

ISBN978-4-642-75499-6